Jedem sein Törtchen

bringt Abwechslung und Vielfalt. Servieren Sie Ihren
Gästen einmal zwei unterschiedliche kleine Kuchen
statt eines einzigen großen. Oder überraschen Sie
beim Sonntagsfrühstück mit frisch gebackenem Brot.
Die Begeisterung ist Ihnen sicher. Sie sind alleine und
haben Appetit auf Süßes? – Dann verwöhnen Sie
sich doch einfach selbst mit Ihrer Lieblingstorte im
Mini-Format.
Die Rezepte zum Backerfolg und die nötigen Tricks
finden Sie hier – klein, aber fein.

Die Farbfotos gestaltete Odette Teubner.

Formen und Materialien

Kleine Haushalte und riesige Torten, die schlanke Taille und süßes Gebäck, das sind fast unvereinbare Gegensätze. Glücklicherweise haben einige Hersteller diesen Trend erkannt und bieten verschiedene kleine Backformen an. Ob Mini-Springform oder kleiner Gugelhupf, ob kleiner Kranz oder Kasten – schauen Sie sich einmal um in Ihrem Haushaltswarengeschäft. Ist das Angebot dort noch begrenzt, fragen Sie nach Mini-Formen, man wird sie Ihnen gewiß gern bestellen. Es gibt nicht nur unterschiedliche Formen zu kaufen. Sie werden zudem noch in verschiedenen Materialien angeboten. Natürlich schwanken dabei die Preise.

Wenn Sie nur ab und zu einmal Kuchen backen möchten, reichen die preiswerten Formen allemal. Wer allerdings passionierter Hobby-Bäcker ist, wird sich über die bessere Qualität teurerer Formen jahrelang freuen.

Das Material hat nicht nur einen Einfluß auf die Haltbarkeit der Form, sondern auch auf Backzeit und Gelingen. Beispielsweise ist die Backzeit in einer Keramikform deutlich länger als in einer Metallform – sie verbraucht mehr Energie. Bei den Metallformen wird zwischen Weißblech und Schwarzblech oder dunkel gefärbtem Stahlblech unterschieden. Von den dunklen Formen wird die Ofenhitze besser und schneller aufgenommen und nach innen an den Kuchen weitergegeben. Sie eignen sich besonders gut für konventionelle Elektroöfen.

Weißblechformen reflektieren einen Teil der Ofenhitze, die Backzeit verlängert sich, und die Oberfläche des Kuchens kann rasch zu dunkel werden. Solche Formen eignen sich am besten für Umluft- und Gasherde.

Moderne Formen sind innen beschichtet, damit der fertige Kuchen leichter herauszulösen ist. Auf das Einfetten sollten Sie aber dennoch nicht verzichten. Die beschichteten Formen ergeben in allen Backöfen das beste Ergebnis.

Die Pflege

Damit Sie lange Freude an Ihren Backformen haben, sollten Sie unbedingt die Gebrauchsanweisungen des Herstellers beachten. Auf beschichteten Blechen etwa sollten Sie nichts schneiden. Auch gehören die meisten Formen nicht in die Spülmaschine. Die darin verwendeten Salze sind zu aggressiv.

Spülen Sie die Backform am besten sofort nach der Verwendung unter heißem Wasser ab. Etwas Spülmittel und ein weiches Tuch oder ein weicher Schwamm genügen dabei. Einfache Formen sollten Sie zudem gut abtrocknen, damit sie nicht rosten.

Miniformen aus der Trickkiste

Haben Sie noch keine kleine Backform? Kein Problem, Sie können tricksen.

Gewiß steht eine kleine Auflaufform oder feuerfeste Schüssel im Schrank. Auch darin können Sie Kuchen backen. Beachten Sie aber bitte sehr genau den Backverlauf, damit Ihnen der Kuchen nicht auf der Oberfläche verbrennt, bevor er innen durchgebacken ist. Wird die Oberfläche zu früh dunkel, legen Sie Backpapier oder Alufolie auf den Kuchen.

Sie können aber auch aus Alufolie selbst eine Backform basteln. Da Sie diese nur einmal verwenden können, sollte es der Umwelt zuliebe allerdings unbedingt die Ausnahme bleiben.

Für solch eine Einmal-Backform wählen Sie eine Schüssel, Vase, Pappschachtel oder ähnliches in der gewünschten Größe aus. Dicke Alufolie einmal falten, so daß zwei Lagen übereinander liegen. Die Folie über die Form legen und rundherum gut andrücken. Dabei müssen Sie darauf achten, daß die Folie möglichst glatt bleibt. Die Alu-Form abheben und vorsichtig, aber doch gründlich mit sehr weicher Butter oder Margarine ausstreichen und mit Mehl, Semmelbröseln oder gemahlenen Mandeln leicht ausstreuen.

Die Vielfalt an Backformen ist sehr groß. Doch auf diese Weise können Sie Ihre Kuchen immer wieder unterschiedlich gestalten. Beachten Sie aber dabei, daß sich je nach Form und Material der Backverlauf ändern kann! Ihrer Experimentierfreude sind kein Grenzen gesetzt.

Die Kuchen in diesem Buch

Alle Kuchen in diesem Buch sind natürlich gewissenhaft getestet worden. Dennoch kann es einmal vorkommen, daß ein Kuchen bei Ihnen schneller oder langsamer durchbäckt.

Jeder Backofen arbeitet anders, und selbst im Laufe eines Tages kann die Ofenleistung stark schwanken. Beobachten Sie deshalb den Kuchen rechtzeitig vor Ablauf der angegebenen Backzeit. Alle modernen Backöfen haben ja ein Sichtfenster, so daß Sie die Ofentür nicht einmal öffnen müssen.

Ganz wichtig ist die Garprobe, bevor Sie den Kuchen aus dem Ofen nehmen. Dafür wird ein langer, dünner Holzspieß an der höchsten Stelle durch den Kuchen bis zum Boden der Form gestochen. Nach dem Herausziehen darf kein Teig daran hängen, sonst müssen Sie die Backzeit noch etwas verlängern. Die neue Gesamtbackzeit sollten Sie sich notieren, damit Sie sie beim nächsten Mal einkalkulieren können. Die Kuchen wurden in einem Elektro-Backofen mit Ober- und Unterhitze gebacken. Für einen Umluftherd müssen Sie die Temperatur um 10 bis 20 % reduzieren. Beachten Sie aber in jedem Fall die Angaben des Geräteherstellers.

Für Gasherde gelten folgende Umrechnungen:
150° entspricht etwa Stufe 1
175° entspricht etwa Stufe 2
200° entspricht etwa Stufe 3
225° entspricht etwa Stufe 4.

Bei den Kuchen in diesem Buch stehen jeweils die Größe der Form sowie der Inhalt in Litern dabei. Dadurch können Sie auf andere Formen ausweichen, wenn Sie nicht genau die von uns verwendete haben. Aber Vorsicht: Je nach der Höhe der Form verändern sich Backzeit und/oder Backtemperatur auch bei gleicher Füllmenge. Je höher eine Form ist, desto niedriger sollte die Backtemperatur sein und desto länger die Backzeit.

Hilfreiche Tips

Beim Kochen ist Improvisieren gefragt und meist problemlos möglich. Beim Backen sieht das anders aus. Selbst versierte Hobby-Bäcker und -Bäckerinnen verlassen sich auf genaue Rezepte. Schließlich kann kaum mehr etwas gerettet werden, wenn der Kuchen einmal im Ofen ist. Deshalb hier einige Tips, damit Ihnen Ihre Backwerke auch wirklich gelingen.
• Je besser die Zutaten, desto feiner der fertige Kuchen.
• Lesen Sie am besten das Rezept vor dem Beginn der Zubereitung einmal vollständig durch.
• Ob für große oder kleine Kuchen: Genaues Abwiegen und Abmessen sind für gutes Gelingen unerläßlich. Eine möglichst genaue Waage hilft dabei. Für die kleinen Mengen bei Mini-Kuchen sind Diät- oder Digitalwaagen besonders gut geeignet. Sie arbeiten grammgenau. Auch einen Meßbecher mit Feineinteilung

sollten Sie sich anschaffen.
• Bevor Sie beginnen, sollten Sie alle Zutaten bereitstellen und abwiegen oder abmessen.
• Bei den meisten Kuchen muß die Form eingefettet werden. Um ganz sicher zu gehen, können Sie die Form zusätzlich mit Mehl, Semmelbröseln oder gemahlenen Mandeln ausstreuen – dann kommt der Kuchen später garantiert heil aus der Form.
• Ob Sie Butter oder Margarine verwenden, bleibt in der Regel Ihrem Geschmack überlassen. Für Mürbeteige allerdings dürfen Sie keine weichen Margarinesorten (Soft-Sorten)

verwenden. Der Teig läßt sich dann nämlich trotz Kühlzeit nicht ausrollen, weil er klebrig geblieben ist.

Wichtige Backzutaten

Mehl

Viele Jahre lang gab es fast ausschließlich das feinpudrige, weiße Weizenmehl zu kaufen. Heute sorgen glücklicherweise diverse Mehlsorten für Abwechslung.
Auf den Mehltüten steht meistens eine Typenzahl, die den Mineralstoffgehalt des Mehles

Grammgenaues Abwiegen ist immer notwendig. Doch bei kleinen Mengen müssen Sie besonders achtsam sein.

angibt. Bei unserem weißen Weizenmehl Type 405 sind in 100 g Mehl etwa 405 mg Mineralstoffe enthalten.
Je höher also die Typenzahl, desto mehr Mineralstoffe sind enthalten. Mehr Bestandteile des Getreidekornes wurden mit vermahlen, das Mehl ist gesünder.
Am weitesten sind verbreitet Weizenmehl Type 405, 550, 1050,
Weizenschrot Type 1700, Weizenvollkornmehl,
Roggenmehl Type 997, 1150,
Roggenschrot Type 1800,
Roggenvollkornmehl.

Vollkornmehle entstehen immer aus dem ganzen Getreidekorn. Sie tragen keine Typenzahlen. Bei vielen Kuchen können Sie das helle Weizenmehl problemlos durch dunklere, vollwertigere Weizenmehle austauschen. Lediglich etwas mehr Flüssigkeit ist nötig, manchmal auch eine längere Quellzeit. Möchten Sie allerdings auf andere Mehlsorten ausweichen, wird es schwieriger. Nur Weizen, Roggen und Dinkel enthalten den für das Backen so wichtigen Stoff, das Klebereiweiß oder Gluten. Andere Mehle müssen stets mit diesen Sorten vermischt werden, soll ein Kuchen gelingen.
Die Aufbewahrung von Mehl ist unkompliziert. Es gehört an einen dunklen, trockenen und luftdicht verschlossenen Platz. Weißes Weizenmehl können Sie ohne Bedenken bis zu zwei Jahre aufbewahren. Vollkornmehle jedoch verderben schneller – sie enthalten noch

Es ist immer wieder aufregend zu beobachten, wie Teige aufgehen – ohne Treibmittel ist dies kaum möglich.

den fetthaltigen Keim und werden dadurch ranzig. Gekaufte Vollkornmehle können nur drei bis höchstens sechs Monate aufbewahrt werden.

Tip für den Kleinhaushalt: Kaufen Sie eine kleine Getreidemühle, und mahlen Sie die gereinigten Getreidekörner bei Bedarf selbst. Auf Nachfrage bieten diesen Service auch manche Naturkostläden und Reformhäuser. Ganze Getreidekörner können Sie mindestens ein Jahr lagern.
Ein weiterer Tip: Mehl können Sie einfrieren.

Treibmittel

• Backpulver besteht aus Natron (Natriumphosphat) und einer Säure, meist Weinsteinsäure. Unter Einwirkung von Hitze und Feuchtigkeit entwickeln sich im Teig Kohlensäurebläschen. Diese versuchen, aus dem Teig zu entweichen, treiben ihn dadurch in die Höhe und sorgen für Lockerung.
Die Backpulvertütchen können an einem trockenen Ort monatelang aufbewahrt werden. Für gutes Gelingen beachten Sie bitte stets den aufgedruckten Haltbarkeitshinweis.

• <u>Hefe</u> besteht aus winzigen lebenden Organismen, die sich unter günstigen Bedingungen rasch vermehren. Feuchtigkeit und Wärme sind dafür wichtig. Alle Zutaten für den Teig sollten deshalb Zimmertemperatur haben. Die benötigte Flüssigkeit wird in der Regel leicht erwärmt, um eine schnellere und bessere Entwicklung der Hefe zu fördern. Heißer als knapp 40° darf sie aber auf keinen Fall sein, sonst sterben die Hefebakterien ab. Frische Hefe gibt es als 42 g schwere Würfel zu kaufen. Sie finden sie im Kühlregal des Lebensmittelhändlers.

Für kleine Kuchen benötigen Sie jedoch keinen ganzen Würfel. Nehmen Sie die nötige Hefemenge ab, und frieren Sie den Rest ein. Nach dem Auftauen ist die Hefe zwar oftmals flüssig, hat aber ihre Treibkraft nicht verloren.

Noch ein Tip für Mini-Kuchen: Da Sie oft nur zehn oder 15 g Hefe benötigen, sollten Sie Hefe aufgeteilt in diesen Mengen einfrieren.

Praktischer für kleine Kuchen ist Trockenhefe. In jedem Tütchen stecken 7 g, und diese Menge entspricht etwa einem halben Würfel frischer Hefe. Trockenhefe läßt sich einfach dosieren und lange aufbewahren. Wie beim Backpulver ist stets ein Haltbarkeitsdatum aufgedruckt.

• <u>Sauerteig</u> ist das älteste Treibmittel und für Roggen- und Vollkornbrote nahezu unerläßlich. Sie können Sauerteig aus Mehl und Wasser selbst herstellen. Das ist ganz einfach, lediglich etwas Geduld ist gefragt. Bakterien aus Mehl und Wasser sowie die aus der Luft aufgenommenen sorgen für eine Säuerung des Mehl-Wasser-Gemisches und später für Auftrieb.

Fertigen Sauerteig gibt es in flüssiger und getrockneter Form abgepackt zu kaufen. Der getrocknete läßt sich einfacher dosieren, ist also für den Kleinhaushalt besser geeignet.

Eier

• Biskuitteige werden durch Eischnee so wunderbar luftig und locker. Bei der Zubereitung ist etwas Sorgfalt gefragt. Die Eier müssen sauber getrennt werden, kein Tropfen Eigelb darf in das Eiweiß gelangen. Zudem müssen Schüssel und Rührgerät absolut fettfrei sein, sonst wird aus dem Eiweiß niemals fester Schnee. Der Eischnee muß stets sofort verwendet werden, sonst fällt er wieder zusammen. Allerdings kann er einige Minuten im Kühlschrank ruhen, während eine Eigelbcreme aufgeschlagen wird. Wenn Sie erst den Eischnee aufschlagen, müssen Sie das Gerät nicht zwischendurch reinigen. Wichtig ist ausserdem, daß Sie den Eischnee nur vorsichtig unter die übrigen Zutaten heben, sonst fällt er wieder zusammen und der Kuchen gelingt nicht locker-luftig. Für die kleinen Teigmengen bei Mini-Kuchen sind Eier der Gewichtsklasse 4 (55 bis 60 g schwer) am besten geeignet. Natürlich sollten Sie zum Kuchenbacken stets frische Eier nehmen. Abpack- oder Haltbarkeitsdatum müssen auf der Packung oder am Regal aufgeführt sein. Ebenfalls ist ein Hinweis auf das Datum vorgeschrieben, ab dem die Eier zu kühlen sind. Ohnehin ist es empfehlenswert, Eier im Kühlschrank aufzubewahren.

Wenn Sie unsicher sind, können Sie für einen Frischetest das rohe Ei in ein Glas mit Wasser legen. Ganz frische Eier bleiben am Boden liegen, alte Eier stellen sich senkrecht und schwimmen oben.

Steht nichts über die Haltungsart der Hühner auf der Packung, stammen die Eier aus einer Käfighaltung. Eier aus Bodenhaltung sind allerdings kaum besser, die Hühner werden auf allerengstem Raum im Stall auf dem Boden gehalten. Sieben Hühner müssen sich dabei einen Quadratmeter teilen. Eier aus Freilandhaltung sind am empfehlenswertesten. Jedem Huhn müssen dabei mindestens zehn Quadratmeter zur Verfügung stehen.

Süßmittel

Beliebtestes Süßmittel ist unser weißer <u>Haushaltszucker</u>. Er sorgt zwar für Süße, enthält aber nur leere Kalorien, also keine wertvollen Inhaltsstoffe.

Sirup, Zucker oder Honig, es werden Ihnen die verschiedensten Rezeptvariationen mit diesen Süßmitteln gezeigt. Kombiniert mit Nüssen, entsteht gehaltvolles und leckeres Backwerk.

Wer seiner Gesundheit auch beim Backen mehr Beachtung schenken möchte, kann Zucker bei etlichen Rezepten durch Honig, Dicksaft oder Sirup ersetzen. Allerdings sind auch in diesen anderen Süßmitteln gesunde Stoffe nur in sehr kleinen Mengen enthalten. Besser ist es, Sie reduzieren die Zuckermenge insgesamt. Süßmittel lassen sich problemlos aufbewahren. Zudem gibt es meist kleine Mengen zu kaufen, die auch im Single-Haushalt zu bewältigen sind. Übrigens: Wird Honig dickflüssig oder sogar fest, ist das kein negatives Zeichen. Er kristallisiert. Möchten Sie ihn wieder verflüssigen, stellen Sie ihn in ein warmes Wasserbad oder kurz (ohne Deckel, der ist meist aus Metall!) in die Mikrowelle.

Nüsse

Ob Haselnüsse, Mandeln oder Walnüsse, Pinien-, Cashew- oder Pistazienkerne – alle diese Nüsse und Kerne enthalten viel Fett und verderben dadurch schnell. Insbesondere gilt dies für gemahlene, gehackte oder sonstwie zerkleinerte Nüsse. Kaufen Sie deshalb ganze, geschälte Nüsse, die Sie erst bei Bedarf zerkleinern. Sie können sie dafür durch die Mandelmühle drehen oder im elektrischen Zerhacker oder einer elektrischen Kaffeemühle zerkleinern. Eine gute Küchenmaschine macht diese Arbeit noch einfacher. Generell sollten Sie Nüsse trocken, dunkel und unbedingt luftdicht verpackt aufbewahren und auf das Haltbarkeitsdatum auf der Packung achten.

Marmorierter Schokoladenkuchen

Zutaten für 1 Kastenform von 20 cm
Länge und 1 l Inhalt:

Für den Teig:

150 g weiche Butter oder Margarine

75 g Zucker

3 kleine Eier · 50 ml Milch

130 g Mehl

2 Teel. Backpulver

40 g gemahlene Mandeln

60 g weiße Kuvertüre

2 Eßl. Kakapulver

2 Eßl. Rum oder Orangensaft

Für den Guß:

60 g weiße Kuvertüre

60 g dunkle Kuvertüre

Für die Form: Fett

2 Eßl. Semmelbrösel

Raffiniert

Bei 8 Stücken pro Stück etwa:
1800 kJ/ 430 kcal
9 g Eiweiß · 23 g Fett
26 g Kohlenhydrate

- Zubereitungszeit: etwa
  1 1/4 Stunden

1. Den Backofen auf 175° vorheizen. Die Form fetten und mit den Semmelbröseln ausstreuen.

2. Für den Teig das Fett mit dem Zucker hell-cremig rühren, die Eier und dann die Milch unterrühren. Das Mehl mit Backpulver und Mandeln mischen, unter den Teig rühren.

3. Zwei Drittel des Teiges abnehmen. Die weiße Kuvertüre fein hacken und darunterrühren.

4. Das Kakaopulver und Rum oder Orangensaft unter den restlichen Teig rühren.

5. Die Hälfte des hellen Teiges in die Form geben, glattstreichen. Den dunklen Teig daraufgeben, ebenfalls glattstreichen. Den restlichen hellen Teig darüber streichen. Mit einem Löffelstiel durch den Teig ziehen. Den Kuchen im Backofen (Mitte, Gas Stufe 2, Umluft 160°) etwa 45 Minuten backen. In der Form auskühlen lassen.

6. Für den Guß die weiße und die dunkle Kuvertüre hacken und in getrennten Schüsseln im warmen Wasserbad schmelzen lassen. Den Kuchen aus der Form stürzen, die beiden Kuvertüren dekorativ darüber träufeln.

Sandkuchen

Zutaten für 1 Springform mit Kranzeinsatz von 16 cm Ø und 1/2 l
Inhalt:

Für den Teig:

2 kleine Eier

125 g Zucker

125 g weiche Butter oder Margarine

60 g Mehl

60 g Speisestärke

Für die Form: Fett und Mehl

Zum Bestreuen: Puderzucker

Klassisch

Bei 6 Stücken pro Stück etwa:
1400 kJ/330 kcal
2 g Eiweiß · 18 g Fett
38 g Kohlenhydrate

- Zubereitungszeit: etwa
  50 Minuten

1. Die Form gründlich fetten und mit Mehl ausstreuen. Den Backofen auf 200° vorheizen.

2. Für den Teig die Eier trennen, dann die Eiweiße steif schlagen, dabei etwa 3 Eßlöffel Zucker einrieseln lassen.

3. Das Fett schaumig rühren. Den restlichen Zucker und dann die Eigelbe sehr gründlich unterrühren. Den Eischnee darauf setzen, das Mehl mit der Speisestärke mischen und darüber streuen. Alles locker vermengen.

4. Den Teig sofort in die vorbereitete Form umfüllen und im Backofen (Mitte, Gas Stufe 3, Umluft 180°) etwa 35 Minuten backen. Den Kuchen auskühlen lassen, zum Servieren aus der Form lösen und mit Puderzucker bestreuen.

Im Bild vorne:
Marmorierter Schokoladenkuchen
Im Bild hinten: Sandkuchen

Apfel-Dinkel-Kranz

Zutaten für 1 Gugelhupfform von
14 cm Ø und 1/2 l Inhalt:

Für den Teig:

4 getrocknete Feigen (etwa 35 g)

2 kleine Eier

65 g weiche Butter oder Margarine

5 Eßl. Apfeldicksaft

1 kleiner säuerlicher Apfel

75 g fein gemahlener Dinkel

Zum Bestreuen: Puderzucker

Für die Form: Fett und 2 Eßl. gemah-
lener Dinkel

Vollwertig

Bei 8 Stücken pro Stück etwa:
580 kJ/140 kcal
2 g Eiweiß · 8 g Fett
14 g Kohlenhydrate

• Zubereitungszeit: etwa
  1 Stunde

1. Die Form gründlich fetten und mit dem Dinkelmehl ausstreuen. Den Backofen auf 175° vorheizen.

2. Für den Teig die Feigen eventuell heiß abspülen, dann sehr klein würfeln und dabei die harten Stiele entfernen. Die Eier trennen. Die Eiweiße steif schlagen und kalt stellen.

3. Die Butter oder Margarine cremig rühren, den Apfeldicksaft und die Eigelbe unterrühren.

4. Den Apfel schälen und ohne das Kerngehäuse grob raspeln. Sofort zusammen mit den Feigen und dem Dinkel unter den Teig rühren.

5. Den Eischnee unter den Teig heben und diesen mit einem Eßlöffel in die vorbereitete Form umfüllen. Den Kuchen im Backofen (Mitte, Gas Stufe 2, Umluft 160°) etwa 35 Minuten backen.

6. Den Kuchen abkühlen lassen, aus der Form stürzen und mit Puderzucker bestreuen.

Marzipan-kuchen

Zutaten für 1 Herzform von 3/4 l
Inhalt:

Für den Teig:

75 g Marzipan-Rohmasse

60 g weiche Butter oder Margarine

3 kleine Eier

75 g Zucker

100 g Mehl

1/2 Teel. Backpulver

Für den Guß:

50 g Puderzucker

50 g weiche Butter

2 Eßl. Sahne oder Mandellikör

2 Eßl. gehackte Pistazienkerne

Für die Form: Fett und Mehl

Zum Verschenken Einfach

Bei 6 Stücken pro Stück etwa:
1600 kJ/380 kcal
5 g Eiweiß · 23 g Fett
38 g Kohlenhydrate

• Zubereitungszeit: etwa
  1 Stunde

1. Den Backofen auf 175° vorheizen. Die Form fetten und mit Mehl ausstreuen.

2. Für den Teig das Marzipan weich kneten, dann mit der Butter oder Margarine cremig rühren. Die Eier trennen, die Eigelbe und den Zucker zur Marzipanmasse geben, alles gründlich verrühren.

3. Die Eiweiße steif schlagen und auf den Teig geben. Das Mehl mit dem Backpulver mischen und über den Eischnee streuen, alles locker vermengen.

4. Den Teig in die vorbereitete Form umfüllen und im Ofen (Mitte, Gas Stufe 2, Umluft 160°) etwa 40 Minuten backen. In der Form auskühlen lassen.

5. Für den Guß den Puderzucker mit der Butter und der Sahne oder dem Likör glattrühren. Den Kuchen aus der Form lösen und dann mit dem Guß bestreichen. Die gehackten Pistazienkerne darüber streuen.

Im Bild vorne: Apfel-Dinkel-Kranz
Im Bild hinten: Marzipankuchen

Birnen-Zimt-Kuchen

Zutaten für 1 Springform von
16 cm Ø und 1/2 l Inhalt:

Für den Teig:

90 g weiche Butter oder Margarine

40 g Zucker

2 kleine Eier

50 g gemahlene Mandeln

60 g Mehl

1 Teel. Backpulver

Für den Belag:

2 Eßl. Butter oder Margarine

50 g Zucker

1 Teel. Zimtpulver

2 kleine feste Birnen

3 Eßl. Mandelstifte

Zum Bestreuen: Puderzucker nach
Belieben

Für die Form: Fett

Raffiniert

Bei 6 Stücken pro Stück etwa:
1500 kJ/360 kcal
5 g Eiweiß · 25 g Fett
29 g Kohlenhydrate

- Zubereitungszeit: etwa
  1 Stunde

Tip!

Nach Belieben können Sie
die Birnen natürlich durch
Äpfel ersetzen. Aber auch
Zwetschgen oder Quitten
eignen sich. Quitten müssen
allerdings einige Minuten in
Zuckerwasser vorgedünstet
werden.

1. Die Form fetten und den
Backofen auf 200° vorheizen.
Für den Teig die Butter oder
Margarine mit dem Zucker hell-
cremig rühren. Die Eier unterrühren. Die gemahlenen Mandeln mit dem Mehl und dem
Backpulver mischen und unter
den Teig rühren.

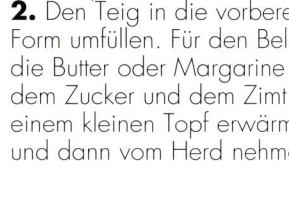

2. Den Teig in die vorbereitete
Form umfüllen. Für den Belag
die Butter oder Margarine mit
dem Zucker und dem Zimt in
einem kleinen Topf erwärmen
und dann vom Herd nehmen.

3. Die Birnen vierteln, schälen,
entkernen und klein würfeln,
auf den Teig streuen. Den Zimt-
guß darüber gießen, die Mandelstifte darauf streuen.

4. Den Kuchen im Backofen
(Mitte, Gas Stufe 3, Umluft
180°) in etwa 35 Minuten
goldbraun backen. Nach Belieben vor dem Servieren mit
Puderzucker bestreuen.

Rüblitorte

Zutaten für 1 Springform von	
18 cm Ø und 1 l Inhalt:	
Für den Teig:	
1 Möhre (etwa 125 g)	
2 kleine Eier	
100 g Zucker	
1 Prise Nelkenpulver	
1 Prise Zimtpulver	
50 g gemahlene Mandeln	
1/2 Teel. Backpulver	
50 g Mehl	
Zum Verzieren:	
75 g Puderzucker	
75 g Marzipan-Rohmasse	
rote und gelbe Speisefarbe	
3 Pistazienkerne	
Für die Form: Fett	

Klassisch

Bei 6 Stücken pro Stück etwa:
1100 kJ/260 kcal
5 g Eiweiß · 10 g Fett
32 g Kohlenhydrate

• Zubereitungszeit: etwa
  1 Stunde

Tip!

Sie können die Torte auch
zusätzlich in einen Mantel
aus Marzipan hüllen. Dafür
etwa 100 g Marzipan-Roh-
masse mit 50 g Puderzucker
verkneten, zwischen zwei
Lagen Klarsichtfolie dünn
ausrollen, die Torte damit
bedecken.

1. Die Form fetten. Den Backofen auf 175° vorheizen. Für
den Teig die Möhre schälen,
waschen und fein raspeln. Die
Eier trennen. Die Eiweiße zu
steifem Schnee schlagen und
kalt stellen. Die Eigelbe mit
dem Zucker und 2 Eßlöffeln
warmem Wasser hell-cremig
schlagen. Die Möhrenraspel
unterrühren.

2. Die Gewürze mit den Mandeln, dem Backpulver und dem
Mehl mischen, abwechselnd
mit dem Eischnee unter den
Teig mengen. Den Teig sofort
in die vorbereitete Form umfüllen, im Backofen (Mitte, Gas
Stufe 2, Umluft 160°) etwa
30 Minuten backen.

3. Für die Verzierung das Marzipan mit dem größten Teil des
Puderzuckers verkneten, mit der
roten und gelben Speisefarbe
orange färben, kleine Möhrchen daraus formen. Halbierte
Pistazienkerne als Möhrchen-
grün hineinstecken.

4. Zum Servieren den Kuchen
aus der Form lösen und den
restlichen Puderzucker darüber
sieben. Schließlich die geform-
ten Möhrchen als Verzierung
auflegen.

Lebkuchen-kranz

Zutaten für 1 Napfkuchenform von
16 cm Ø und 1 l Inhalt:
Für den Teig:
125 g weiche Butter oder Margarine
100 g flüssiger Honig
3 kleine Eier
2 Teel. Lebkuchengewürz
1 Teel. Kakaopulver
150 g Mehl
2 Teel. Backpulver
50 g Korinthen
2 Eßl. Rum nach Belieben
Zum Bestreuen: 1 Eßl. Kakaopulver
Für die Form: Fett und Mehl

Gelingt leicht

Bei 8 Stücken pro Stück etwa:
1100 kJ/260 kcal
3 g Eiweiß · 15 g Fett
28 g Kohlenhydrate

- Zubereitungszeit: etwa
  1 Stunde

1. Die Form gründlich fetten und mit Mehl ausstreuen. Den Backofen auf 175° vorheizen.

2. Für den Teig das Fett mit dem Honig gut cremig rühren, dann die Eier gründlich unterschlagen.

3. Das Lebkuchengewürz mit dem Kakao, dem Mehl, dem Backpulver und den Korinthen mischen. Alles unter den Teig rühren, und diesen in die Form umfüllen. Im Backofen (unten, Gas Stufe 2, Umluft 160°) etwa 40 Minuten backen. Eventuell die Stäbchenprobe machen.

4. Den ausgekühlten Kuchen nach Belieben mit dem Rum beträufeln und mit dem Kakaopulver bestreuen.

Bananen-Schoko-Kuchen

Zutaten für 1 Napfkuchenform von
16 cm Ø und 1 l Inhalt:
Für den Teig:
125 g weiche Butter oder Margarine
75 g Zucker
50 g Crème fraîche
2 kleine Eier
2 Tropfen Bittermandelöl
75 g Mehl
75 g Speisestärke
2 Teel. Backpulver
50 g Mokkaschokolade
1 kleine reife Banane
1 Eßl. Zitronensaft
2 Eßl. löslicher Kaffee
Für den Guß:
30 g Mokkaschokolade
1 Eßl. Butter
1 Eßl. löslicher Kaffee
Für die Form: Fett

Einfach

Bei 8 Stücken pro Stück etwa:
1400 kJ/330 kcal
3 g Eiweiß · 22 g Fett
33 g Kohlenhydrate

- Zubereitungszeit: etwa
  1 1/4 Stunden

1. Den Backofen auf 175° vorheizen. Die Form fetten.

2. Für den Teig das Fett mit dem Zucker hell-cremig rühren.

3. Die Crème fraîche, die Eier und das Bittermandelöl unterrühren. Das Mehl mit der Speisestärke und dem Backpulver mischen und unter den Teig rühren.

4. Die Schokolade hacken, die Banane schälen, klein würfeln und mit dem Zitronensaft beträufeln. Beides unter den Teig rühren.

5. Die Hälfte des Teiges in die Form umfüllen, den Kaffee darüber streuen, den restlichen Teig hineinfüllen. Den Kuchen im Backofen (unten, Gas Stufe 2, Umluft 160°) etwa 45 Minuten backen.

6. Für den Guß die Schokolade hacken, mit der Butter in einem warmen Wasserbad schmelzen lassen. Den Kaffee mit einigen Tropfen heißem Wasser auflösen und unter die Schokolade rühren. Den Guß fast erstarren lassen, dann über den Kuchen träufeln.

Im Bild vorne: Lebkuchenkranz
Im Bild hinten:
Bananen-Schoko-Kuchen

Zucchini-kuchen

Zutaten für 1 Kastenform von 15 cm
Länge und 1/2 l Inhalt:

50 g weiche Butter oder Margarine

35 g Zucker

1 kleines Ei

15 g Schokolade

1 kleiner Zucchino (etwa 80 g)

20 g Walnußkerne

80 g Mehl

1 Teel. Backpulver

Für die Form: Fett

Gelingt leicht

Bei 8 Stücken pro Stück etwa:
550 kJ/130 kcal
3 g Eiweiß · 8 g Fett
13 g Kohlenhydrate

* Zubereitungszeit: etwa
  1 Stunde

1. Den Backofen auf 175° vorheizen. Die Form fetten.

2. Das Fett mit dem Zucker und dem Ei hell-cremig rühren.

3. Die Schokolade fein raspeln. Den Zucchino waschen, putzen und ebenfalls raspeln. Die Walnußkerne fein hacken. Alles unter den Teig rühren.

4. Das Mehl mit dem Backpulver mischen, unter den Teig rühren und diesen in die Form umfüllen. Den Kuchen im Backofen (Mitte, Gas Stufe 2, Umluft 160°) etwa 45 Minuten backen.

Kokos-Orangen-Kuchen

Zutaten für 1 Springform von
18 cm Ø und 1 l Inhalt:

100 g weiche Butter oder Margarine

125 g Zucker

2 Eier

3 kleine unbehandelte Orangen

100 g Mehl

1 Teel. Backpulver

1/4 Teel. Zimtpulver

40 g Kokosraspel

Für die Form: Fett

Für Gäste

Bei 6 Stücken pro Stück etwa:
1600 kJ/380 kcal
7 g Eiweiß · 21 g Fett
45 g Kohlenhydrate

* Zubereitungszeit: etwa
  1 Stunde

1. Den Backofen auf 175° vorheizen. Die Form fetten.

2. Das Fett mit 75 g Zucker hell-cremig rühren. Die beiden Eier unterrühren.

3. 2 Orangen heiß abwaschen, abtrocknen und die Schale fein abreiben. Diese dann unter den Teig rühren.

4. Das Mehl mit dem Backpulver und dem Zimtpulver mischen, unter den Teig rühren. Etwa 30 g Kokosraspel unterrühren. Den Teig in der Form glattstreichen und den Kuchen im Backofen (Mitte, Gas Stufe 2, Umluft 160°) etwa 30 Mi-

nuten backen. Den Kuchen auf einem Rost auskühlen lassen.

5. Inzwischen den Saft der abgeriebenen Orangen auspressen, mit den restlichen 50 g Zucker in einem breiten Topf aufkochen.

6. Die dritte Orange heiß abwaschen und in dünne Scheiben schneiden, im Zuckersirup zugedeckt etwa 5 Minuten dünsten. Abkühlen lassen.

7. Die restlichen Kokosraspel in einer trockenen Pfanne unter Rühren goldbraun rösten. Die Orangenscheiben abtropfen lassen. Den Kuchen mit einem Spieß mehrmals einstechen, etwas Orangensud darüber träufeln. Die Orangenscheiben überlappend darauf arrangieren und mit den Kokosraspeln bestreuen.

Im Bild vorne: Zucchinikuchen
Im Bild hinten:
Kokos-Orangen-Kuchen

Erdbeer-kuchen

Zutaten für 1 Tarteform von
20 cm Ø:
Für den Teig:
100 g Mehl
60 g kalte Butter
1 kleines Eigelb
1 Eßl. Puderzucker
Für den Belag:
2 Blatt weiße Gelatine
1/8 l trockener Weißwein oder
Apfelsaft
1 Eßl. Zucker nach Belieben
50 g Aprikosenkonfitüre
400 g kleine Erdbeeren
Für die Form: Fett

Erfrischend

Bei 6 Stücken pro Stück etwa:
900 kJ/210 kcal
3 g Eiweiß · 10 g Fett
27 g Kohlenhydrate

- Zubereitungszeit: etwa
  1 1/4 Stunden (davon
  30 Minuten Kühlzeit)

1. Für den Teig das Mehl mit der Butter, dem Eigelb und dem Puderzucker rasch zu einem glatten Teig verkneten. Zur Kugel formen, in Klarsichtfolie wickeln und etwa 30 Minuten in den Kühlschrank legen.

2. Inzwischen den Backofen auf 175° vorheizen. Die Form fetten.

3. Den Mürbeteig zwischen zwei Lagen Klarsichtfolie zum etwa 25 cm großen Kreis ausrollen, die Tarteform damit auskleiden.

4. Den Tortenboden mit einer Gabel mehrmals einstechen, im Backofen (Mitte, Gas Stufe 2, Umluft 160°) in etwa 18 Minuten goldgelb backen. In der Form auskühlen lassen.

5. Für den Belag die Gelatine in reichlich kaltem Wasser einweichen. Einen Teil des Weins oder Saftes erhitzen, nach Belieben den Zucker unterrühren. Die Gelatine tropfnaß hineingeben und auflösen. Mit der restlichen Flüssigkeit verrühren und etwas abkühlen lassen.

6. Inzwischen die Konfitüre in einem kleinen Topf erwärmen, den Tortenboden damit bestreichen. Die Erdbeeren waschen, putzen und eventuell halbieren, auf den Tortenboden legen. Den Guß darüber träufeln, im Kühlschrank fest werden lassen.

Ananas-kuchen

Zutaten für 1 Springform von
18 cm Ø und 1 l Inhalt:
1 Babyananas
6 rote Cocktailkirschen
75 g weiche Butter oder Margarine
40 g Marzipan-Rohmasse
1 kleines Ei
60 g Zucker
1 Päckchen Vanillezucker
80 g Mehl
1 Teel. Backpulver
3 Eßl. Milch
2 Eßl. Mandelblättchen
Für die Form: Fett

Gelingt leicht

Bei 6 Stücken pro Stück etwa:
1100 kJ/260 kcal
3 g Eiweiß · 14 g Fett
33 g Kohlenhydrate

- Zubereitungszeit: etwa
  1 Stunde

1. Die Ananas schälen, in 6 Scheiben schneiden und den harten Mittelstrunk herausstechen.

2. Den Backofen auf 200° vorheizen. Die Form fetten.

3. Die Ananasscheiben in die Form legen, jeweils 1 Kirsche in die Mitte geben.

4. Das Fett mit dem Marzipan, dem Ei, dem Zucker und dem Vanillezucker gut cremig rühren. Das Mehl mit dem Backpulver mischen, mit der Milch unter den Teig rühren.

5. Den Teig über den Ananasscheiben glattstreichen. Den Kuchen im Backofen (Mitte, Gas Stufe 3, Umluft 180°) etwa 30 Minuten backen, abkühlen lassen, dann auf ein Gitter stürzen.

6. Die Mandelblättchen in einer trockenen Pfanne leicht rösten, über den Kuchen streuen.

Im Bild vorne: Ananaskuchen
Im Bild hinten: Erdbeerkuchen

Zwetschgen-kuchen

Zutaten für 1 Herzform
von 23 cm Größe und 1,4 l Inhalt:
Für den Teig:
10 g frische Hefe
3 Eßl. lauwarme Milch
125 g Mehl
40 g weiche Butter oder Margarine
1 kleines Ei
2 Eßl. Zucker
Für den Belag:
500 g Zwetschgen
1 Teel. Zimtpulver
1 Eßl. Zucker
3 Eßl. Mandelstifte
Für die Form: Fett
Zum Ausrollen: Mehl

Preiswert

Bei 8 Stücken pro Stück etwa:
700 kJ/170 kcal
4 g Eiweiß · 8 g Fett
20 g Kohlenhydrate

- Zubereitungszeit: etwa
  1 1/4 Stunden (davon
  40 Minuten Ruhezeit)

1. Für den Teig die Hefe in
eine Tasse bröckeln und mit
der Milch glattrühren.

2. Das Mehl, das Fett, das Ei
und den Zucker in eine Rühr-
schüssel geben. Die Hefemilch
dazugießen und alles zu einem
glatten Teig verkneten. Den
Teig zugedeckt an einem warmen Ort etwa 30 Minuten
gehen lassen.

3. Den Teig noch einmal durchkneten, auf der bemehlten
Arbeitsfläche zu einem etwa

20 cm großen Kreis ausrollen.
In die gefettete Herzform
legen, einen etwa 1 cm hohen
Teigrand formen.

4. Die Zwetschgen waschen,
abtrocknen, entsteinen und in
die Form schichten. Den Zimt
mit dem Zucker und den Mandeln mischen und über die
Zwetschgen streuen. Den
Kuchen zugedeckt noch etwa
10 Minuten ruhen lassen.
Inzwischen den Backofen auf
200° vorheizen.

5. Den Kuchen im Backofen
(Mitte, Gas Stufe 3, Umluft
180°) etwa 20 Minuten
backen. Vor dem Servieren abkühlen lassen.

Apfeltarte

Zutaten für 1 Torteform mit heraus-
nehmbaren Boden, 20 cm Ø:
Für den Teig:
100 g Mehl
60 g kalte Butter
2 Eßl. Puderzucker
1 kleines Eigelb
Für den Belag:
2 kleine säuerliche Äpfel
1 Eßl. Zitronensaft
Zum Bestreichen:
1 Eßl. zerlassene Butter
Zum Bestreuen:
2 Eßl. Pinienkerne

Auch als Dessert

Bei 6 Stücken pro Stück etwa:
880 kJ/210 kcal
3 g Eiweiß · 14 g Fett
17 g Kohlenhydrate

- Zubereitungszeit: etwa
  2 Stunden (davon 1 Stunde
  Ruhezeit)

1. Für den Teig das Mehl, die
Butter, den Puderzucker und
das Eigelb rasch zusammen-
kneten. In Klarsichtfolie wickeln
und mindestens 1 Stunde kalt
stellen.

2. Den Backofen auf 175° vorheizen.

3. Den Teig zwischen zwei
Lagen Klarsichtfolie zu einem
etwa 25 cm großen Kreis ausrollen, in die Torteform legen,
überstehenden Rand abschneiden. Den Boden mit einer
Gabel mehrmals einstechen, im
Backofen (Mitte, Gas Stufe 2,
Umluft 160°) in etwa 15 Minuten goldgelb backen.

4. Für den Belag inzwischen
die Äpfel vierteln, entkernen
und schälen, in dünne Spalten
schneiden und mit Zitronensaft
beträufeln.

5. Die Äpfel dachziegelförmig
auf den Teig legen, mit zerlas-
sener Butter bestreichen und mit
den Pinienkernen bestreuen.
Den Kuchen noch etwa 20 Minuten backen und an-
schließend auskühlen lassen.

Im Bild vorne: Apfeltarte
Im Bild hinten: Zwetschgenkuchen

Himbeer-Kefir-Kuchen

Zutaten für 1 Kastenform von 15 cm
Länge und 1/2 l Inhalt:

40 g weiche Butter oder Margarine

50 g Zucker

2 kleine Eier

50 g Mehl

1/2 Teel. Backpulver

100 g kleine Himbeeren

80 g Kefir

abgeriebene Schale von 1/2 unbe-
handelten Zitrone

2 Teel. Speisestärke

Für die Form: Fett

Raffiniert

Bei 5 Stücken pro Stück etwa:
820 kJ/200 kcal
4 g Eiweiß · 10 g Fett
22 g Kohlenhydrate

• Zubereitungszeit: etwa
  1 Stunde

Tip!

Statt der Himbeeren können
Sie für diesen saftigen
Kuchen auch Heidelbeeren
oder Brombeeren verwen-
den. Der Kefir läßt sich
durch Dickmilch oder Joghurt
ersetzen.

1. Den Backofen auf 200° vorheizen. Die Form fetten. Die
Butter oder Margarine mit
30 g Zucker und 1 Ei cremig
rühren. Das Mehl mit dem
Backpulver mischen und unter
den Teig rühren.

2. Die Himbeeren vorsichtig
waschen, gut auf Küchenpa-
pier abtrocknen. 2 Eßlöffel der
Beeren vorsichtig unter den
Teig rühren. Den Teig in die
Kastenform umfüllen. Den
Kuchen im Backofen (Mitte,
Gas Stufe 3, Umluft 180°)
etwa 15 Minuten backen.

3. Inzwischen den Kefir mit
dem restlichen Zucker, dem
zweiten Ei, der Zitronenschale
und der Speisestärke verrühren.
Die Kefirmasse über den Kuchen in die Form geben, und
die restlichen Himbeeren daraufgeben.

4. Den Kuchen wieder in den
Ofen stellen und noch etwa
30 Minuten backen. In der
Form auskühlen lassen, dann
vorsichtig herauslösen.

Aprikosen-schnitten

Zutaten für 1 Kastenform von 20 cm
Länge und 1 l Inhalt:
Für den Teig:
1 kleines Ei
50 g weiche Butter oder Margarine
40 g Zucker
35 g Mehl
35 g gemahlene Mandeln
1 Teel. Backpulver
3 Eßl. Milch
Für den Belag:
4 Aprikosen
30 g Marzipan-Rohmasse
1 Eßl. Puderzucker
Für die Form: Fett
Spritzbeutel mit Sterntülle

Gelingt leicht

Bei 4 Stücken pro Stück etwa:
1300 kJ/310 kcal
6 g Eiweiß · 19 g Fett
28 g Kohlenhydrate

• Zubereitungszeit: etwa
  45 Minuten

1. Den Backofen auf 200° vorheizen. Die Form fetten. Für
den Teig das Ei trennen. Das
Fett mit dem Eigelb und dem
Zucker cremig rühren. Das
Mehl mit den Mandeln und
dem Backpulver mischen, mit
der Milch unter den Teig rühren
und diesen in die Form geben.

2. Für den Belag die Aprikosen waschen, halbieren und
entsteinen, mit den Rundungen
nach unten auf den Teig legen.
Den Kuchen im Backofen
(Mitte, Gas Stufe 3, Umluft
180°) etwa 10 Minuten
backen.

3. Inzwischen das Marzipan
weich kneten, mit dem Puderzucker und 1 Eßlöffel Eiweiß
glattrühren. In einen Spritzbeutel mit kleiner Sterntülle füllen.
Den Kuchen aus dem Ofen
nehmen. Aus der Marzipan-
masse kleine Rosetten in die
Aprikosen spritzen.

4. Den Kuchen noch etwa
10 Minuten backen. In der
Form auskühlen lassen, zum
Servieren in vier Stücke schneiden.

Heidelbeer-schnitten

Zutaten für 1 Kastenform von 20 cm
Länge und 1 l Inhalt:

Für den Teig:

90 ml Wasser

20 g Butter

50 g Mehl

1 Eßl. Speisestärke

2 kleine Eier

Für die Creme:

2 Blatt weiße Gelatine

150 g Heidelbeeren

150 g Sahne

1 Päckchen Vanillezucker

1/2 Teel. abgeriebene Schale einer
unbehandelten Zitrone

Zum Bestäuben: Puderzucker

Für die Form: Fett

Spritzbeutel mit glatter Tülle

Braucht etwas Zeit

Bei 4 Stücken pro Stück etwa:
1200 kJ/290 kcal
6 g Eiweiß · 19 g Fett
15 g Kohlenhydrate

• Zubereitungszeit: etwa
  2 Stunden (davon 1 Stunde
  Kühlzeit)

1. Für den Teig das Wasser
und die Butter in einen kleinen
Topf geben und unter Rühren
aufkochen lassen.

2. Das Mehl und die Speisestärke mischen und zu der Flüssigkeit in den Topf geben.
Alles so lange rühren, bis sich
der Teig zu einem Kloß zusam-
menballt. Am Boden des Top-
fes sollte sich eine dünne,
weiße Schicht bilden.

3. Den Teig dann in eine
Schüssel umfüllen. Zuerst 1 Ei
sehr gründlich unter den Teig
rühren, dann auch das zweite.

4. Den Backofen auf 225° vorheizen. Die Kastenform fetten.

5. Den Brandteig in einen
Spritzbeutel mit großer, glatter
Tülle füllen und von einer
Schmalseite zur anderen in
gleichmäßigen Schlangenlinien
in die Form spritzen.

6. Den Kuchen im Backofen
(Mitte, Gas Stufe 4, Umluft
200°) etwa 20 Minuten bak-
ken. Noch warm aus der Form
lösen und quer in Unter- und
Oberhälfte schneiden, dann
auskühlen lassen.

7. Inzwischen für die Creme
die Gelatine in reichlich kaltem
Wasser einweichen.

8. Die Heidelbeeren vorsichtig
waschen, auf Küchenpapier
abtrocknen und in eine Schüssel geben. Anschließend mit
einer Gabel leicht zerdrücken.

9. Die Gelatine tropfnaß in
eine Tasse geben, im warmen
Wasserbad auflösen. Die
Gelatine tropfenweise unter die
Sahne rühren.

10. Die Sahne steif schlagen,
mit dem Vanillezucker süßen
und mit der Zitronenschale aro-
matisieren, dann die Heidelbeeren unterheben. Die Sahne
etwa 30 Minuten zum Gelieren in den Kühlschrank stellen.

11. Die Heidelbeersahne
dann noch einmal durchrühren.
Den Brandteigboden mit der
Sahne bestreichen, die Oberhälfte leicht darauf drücken.
Den Kuchen mit Puderzucker
bestäuben und noch etwa
30 Minuten in den Kühlschrank
stellen.

12. Den Kuchen zum Servieren in vier Stücke schneiden.

*Der luftige Teig und die fruchtige
Creme ergeben eine ausgesuchte
Gaumenfreude.*

Rhabarber-Streusel-Kuchen

Zutaten für 1 Springform von 18 cm Ø
und 1 l Inhalt:
Für die Streusel:
125 g Mehl
40 g gemahlene Mandeln
60 g Zucker
100 g kalte Butter oder Margarine
1/2 Teel. Zimtpulver
Für die Creme:
125 g Speisequark (20% Fett)
1 Ei · 1 Päckchen Vanillezucker
Für den Belag:
250 g Rhabarber
2 Eßl. Mandelblättchen

Gelingt leicht

Bei 6 Stücken pro Stück etwa:
1500 kJ/360 kcal
9 g Eiweiß · 23 g Fett
28 g Kohlenhydrate

- Zubereitungszeit: etwa
  1 Stunde

1. Den Backofen auf 200° vorheizen.

2. Für die Streusel das Mehl mit den gemahlenen Mandeln, dem Zucker, der Butter oder Margarine und dem Zimt zu Streuseln verkneten. Gut die Hälfte davon in die Springform geben, am Boden und etwa 2 cm hoch am Rand festdrücken.

3. Für die Creme den Quark mit dem Ei und dem Vanillezucker glattrühren, auf dem Teig verstreichen.

4. Für den Belag den Rhabarber schälen, waschen, abtrocknen und in kleine Stücke schneiden, auf der Quarkcreme verteilen. Die übrigen Streusel und die Mandelblättchen darüber verteilen.

5. Den Kuchen im Backofen (Mitte, Gas Stufe 3, Umluft 180°) etwa 25 Minuten backen.

Johannisbeerkuchen

Zutaten für 1 Springform von 18 cm Ø
und 1 l Inhalt:
Für den Teig:
25 g weiche Butter
2 Eßl. Zucker
2 Eßl. Milch
1 1/2 Eßl. Mehl
100 g gehackte Mandeln
Für den Belag:
30 g Mandelblättchen
150 g rote Johannisbeeren
2 kleine Eiweiß
70 g Zucker
1 Teel. Speisestärke
Für die Form: Fett und Mehl

Erfrischend

Bei 8 Stücken pro Stück etwa:
770 kJ/180 kcal
5 g Eiweiß · 12 g Fett
15 g Kohlenhydrate

- Zubereitungszeit: etwa
  1 Stunde

1. Den Backofen auf 200° vorheizen. Die Form fetten und mit Mehl ausstreuen.

2. Für den Teig die Butter mit dem Zucker, der Milch, dem Mehl und den Mandeln glattrühren. Den Boden der Form damit auskleiden. Den Kuchen im Backofen (Mitte, Gas Stufe 3, Umluft 180°) etwa 10 Minuten backen.

3. Inzwischen für den Belag die Mandelblättchen in einer trockenen Pfanne rösten, abkühlen lassen. Die Johannisbeeren waschen, von den Stielen zupfen und mit Küchenpapier abtrocknen.

4. Die Eiweiße zu steifem Schnee schlagen, den Zucker und die Speisestärke einrieseln lassen, dann die Mandeln und die Johannisbeeren unterheben.

5. Die Masse auf den vorgebackenen Boden geben, den Kuchen noch etwa 15 Minuten backen. In der Form auskühlen lassen.

Bild oben: Rhabarber-Streusel-Kuchen
Bild unten: Johannisbeerkuchen

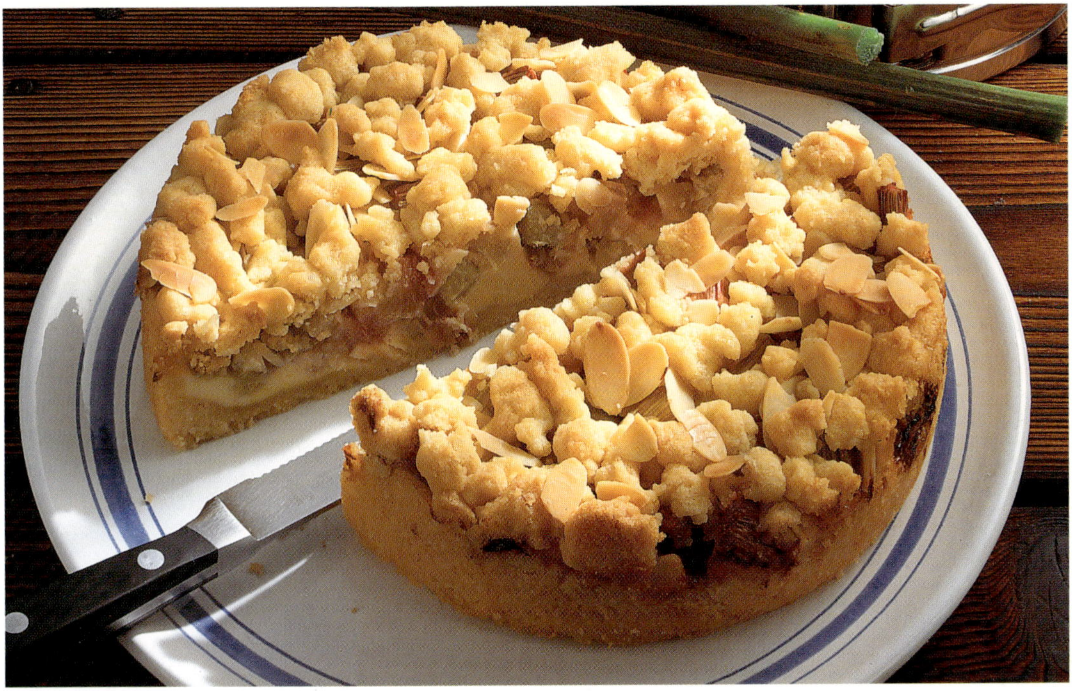

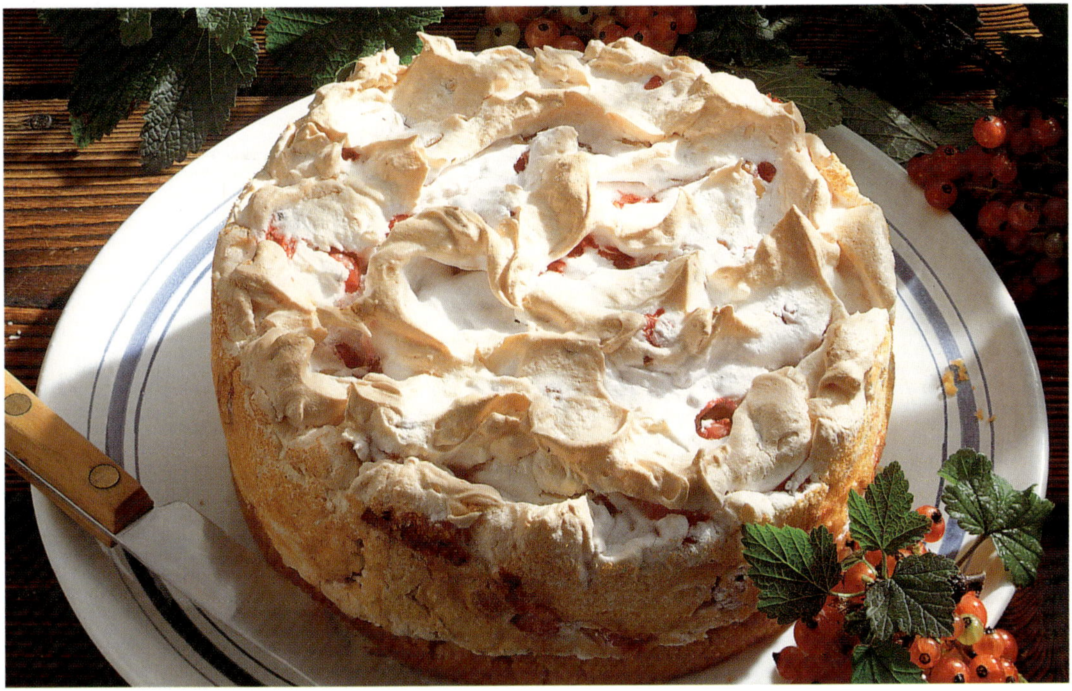

Schwarzwälder Kirschtörtchen

Zutaten für 4 Torteletttförmchen von
12 cm Ø:
Für den Teig:
2 kleine Eier
1 Eßl. warmes Wasser
3 Eßl. Zucker
3 Eßl. Mehl
2 Eßl. Speisestärke
3 Teel. Kakaopulver
Für den Belag:
4 Eßl. Kirschwasser
125 g Sahne
1 Päckchen Vanillezucker
1 kleines Glas entsteinte Sauerkirschen (185 g Abtropfgewicht)
4 Eßl. Raspelschokolade
Für die Förmchen: Fett und Mehl

Für Gäste

Pro Stück etwa:
1400 kJ/330 kcal
6 g Eiweiß · 16g Fett
32 g Kohlenhydrate

• Zubereitungszeit: etwa
 1 1/4 Stunden

1. Die Förmchen fetten und mit Mehl ausstreuen. Den Backofen auf 200° vorheizen.

2. Für den Teig die Eier trennen. Die Eiweiße steif schlagen. Die Eigelbe mit dem Wasser und dem Zucker hellcremig aufschlagen. Den Eischnee daraufgeben.

3. Das Mehl mit der Stärke und dem Kakaopulver mischen, über den Eischnee sieben und

alles locker vermengen. Den Teig sofort in die Förmchen geben und im Backofen (Mitte, Gas Stufe 3, Umluft 180°) etwa 12 Minuten backen.

4. Die Törtchen in den Formen abkühlen lassen. Erst dann herauslösen und mit einem Teil des Kirschwasser beträufeln.

5. Für den Belag die Sahne steif schlagen, mit dem restlichen Kirschwasser und dem Vanillezucker verfeinern.

6. Die Kirschen gut abtropfen lassen. 12 Kirschen beiseite legen, die restlichen unter die Sahne heben und diese auf die Törtchen füllen. Die Raspelschokolade darüber streuen und jeweils 3 Kirschen daraufgeben.

Mokka-Ringe

Zutaten für 6 Savarinförmchen von
8 cm Ø:
Für den Teig:
30 g weiße Schokolade
2 kleine Eier · 75 g Zucker
75 g Mehl
Für die Glasur:
40 g Mokkaschokolade
40 g weiche Butter
40 g Puderzucker
30 Mokkabohnen
Für die Förmchen: Fett und Mehl

Gelingt leicht

Pro Stück etwa:
1300 kJ/310 kcal
6 g Eiweiß · 13 g Fett
28 g Kohlenhydrate

• Zubereitungszeit: etwa
 1 Stunde

1. Die Förmchen fetten und mit Mehl ausstreuen. Den Backofen auf 200° vorheizen.

2. Für den Teig die weiße Schokolade fein raspeln. Die Eier trennen.

3. Die Eiweiße zu steifem Schnee schlagen, dabei die Hälfte des Zuckers einrieseln lassen. Die Eigelbe mit 2 Eßlöffel warmem Wasser und dem restlichen Zucker hell-cremig schlagen. Den Eischnee darauf setzen.

4. Die geraspelte Schokolade mit dem Mehl mischen und über den Eischnee streuen, alles locker vermischen. Den Teig in die Förmchen verteilen und diese im Backofen (Mitte, Gas Stufe 3, Umluft 180°) etwa 15 Minuten backen.

5. Für die Glasur die Mokkaschokolade hacken und im warmen Wasserbad schmelzen lassen, dann mit der Butter und dem Puderzucker glattrühren.

6. Die Törtchen aus den Förmchen stürzen, etwas auskühlen lassen und dann mit der Glasur beträufeln und mit den Mokkabohnen verzieren.

Im Bild vorne: Mokka-Ringe
Im Bild hinten: Schwarzwälder Kirschtörtchen

Haferflocken-Törtchen

Zutaten für 5 Törtchen:

60 g weiche Butter oder Margarine

4 Eßl. Ahornsirup

1 kleines Ei

40 g kernige Haferflocken

50 g Weizenvollkornmehl

1/2 Teel. Backpulver

50 g getrocknete Datteln

2 Eßl. Sonnenblumenkerne

Zum Bestreuen: Haferflocken

10 Papier-Backförmchen

Vollwertig

Pro Stück etwa:
920 kJ/220 kcal
5 g Eiweiß · 13 g Fett
19 g Kohlenhydrate

• Zubereitungszeit: etwa
  35 Minuten

1. Den Backofen auf 200° vorheizen. Jeweils 2 Papier-Backförmchen ineinander setzen und auf ein Backblech stellen.

2. Das Fett cremig rühren, dann den Ahornsirup und das Ei gründlich unterrühren. Die Haferflocken mit dem Mehl und dem Backpulver mischen, unter den Teig rühren.

3. Die Datteln klein würfeln und mit den Sonnenblumenkernen unter den Teig rühren. Diesen in die Förmchen verteilen und mit Haferflocken bestreuen. Die Törtchen im Backofen (Mitte, Gas Stufe 3, Umluft 180°) etwa 20 Minuten backen.

Sacher-Törtchen

Zutaten für 4 Apfelkugelformen von etwa 150 ml Inhalt:

Für den Teig:

50 g Zartbitter-Schokolade · 2 Eier

50 g weiche Butter oder Margarine

50 g Zucker

30 g gemahlene Mandeln

2 Teel. Mehl

1/2 Teel. Backpulver

Zum Glasieren:

50 g Aprikosenkonfitüre

75–100 g dunkle Kuvertüre

Für die Form: Fett und Mehl

Klassisch

Pro Stück etwa:
2200 kJ/520 kcal
9 g Eiweiß · 25 g Fett
32 g Kohlenhydrate

• Zubereitungszeit: etwa
  1 1/4 Stunden

1. Den Backofen auf 200° vorheizen. Die Förmchen fetten und mit Mehl ausstreuen.

2. Für den Teig die Schokolade hacken und im warmen Wasserbad schmelzen lassen. Die Eier trennen. Die Butter cremig rühren, dann die Eigelbe und den Zucker sowie zuletzt die geschmolzene Schokolade unterrühren.

3. Die Eiweiße steif schlagen und auf die Schokoladencreme setzen. Die Mandeln mit dem Mehl und dem Backpulver mischen, über den Eischnee streuen und alles locker vermischen.

4. Den Teig in die Förmchen umfüllen, im Backofen (Mitte, Gas Stufe 3, Umluft 180°) etwa 20 Minuten backen.

5. Die Törtchen in den Formen auskühlen lassen, dann herauslösen. Zum Glasieren die Konfitüre erwärmen, die Törtchen damit bestreichen und den Überzeug fest werden lassen.

6. Die Kuvertüre hacken und im warmen Wasserbad schmelzen lassen. Die Törtchen damit überziehen, und die Kuvertüre ebenfalls fest werden lassen.

Im Bild vorne: Sacher-Törtchen
Im Bild hinten: Haferflocken-Törtchen

Sanddorn-Pistazien-Törtchen

Zutaten für 6 Tarteförmchen von
12 cm Ø:
Für den Teig:
125 g Mehl
75 g kalte Butter oder Margarine
1 kleines Eigelb
2 Eßl. Puderzucker
Für die Creme:
4 Blatt weiße Gelatine
3 Eigelb
50 g Zucker
75 ml ungesüßter Sanddornbeeren-
saft
2 Eiweiß
125 g Sahne
Zum Bestreuen:
25 g gehackte Pistazienkerne
Spritzbeutel mit Sterntülle

Raffiniert

Pro Stück etwa:
1500 kJ/360 kcal
8 g Eiweiß · 24 g Fett
25 g Kohlenhydrate

• Zubereitungszeit: etwa
  2 1/2 Stunden (davon
  1 1/2 Stunden Kühlzeit)

1. Aus dem Mehl, dem kalten Fett, dem Eigelb und dem Puderzucker rasch einen glatten Teig kneten. Den Teig in Klarsichtfolie wickeln und mindestens 30 Minuten im Kühlschrank ruhen lassen.

2. Den Backofen auf 200° vorheizen. Den Mürbeteig in 6 gleiche Portionen teilen. Jede zwischen zwei Lagen Klarsichtfolie dünn ausrollen.

3. Jeweils die obere Folie abziehen, den Teigkreis umgedreht in ein Förmchen legen, auch die andere Folie abziehen. Den Teig in das Förmchen drücken und dieses dadurch mit Teig auskleiden. Die Törtchen im Backofen (Mitte, Gas Stufe 3, Umluft 180°) in etwa 16 Minuten goldgelb backen.

4. Inzwischen für die Creme die Gelatine nach der Packungsbeschreibung in reichlich kaltem Wasser einweichen.

5. Die Eigelbe mit dem Zucker in eine Schüssel geben und in einem warmen Wasserbad dickcremig aufschlagen. Den Sanddornsaft nach und nach dazugeben. Die Creme schlagen, bis sie warm ist.

6. Nach und nach die eingeweichte Gelatine in der warmen Sanddornmasse auflösen. Die Creme vom Wasserbad nehmen und kalt schlagen.

7. Sobald die Creme zu gelieren beginnt, die Eiweiße und die Sahne getrennt steif schlagen. Beides locker unter die Creme heben.

8. Die Creme in einen Spritzbeutel mit Sterntülle füllen, in die Törtchen spritzen. Die Pistazienkerne obenauf streuen. Die Törtchen etwa 1 Stunde kalt stellen.

Tips!

• Verwenden Sie für diese Törtchen möglichst Tarteförmchen mit herausnehmbarem Boden. Aus diesen Förmchen bekommen Sie die zarten, etwas zerbrechlichen Mürbeteigböden garantiert heil heraus.
• Die Mürbeteigböden können Sie gut einige Tage im voraus backen. Stellen Sie sie in den Förmchen in eine Dose. Gut verschlossen bleiben sie frisch und heil.
• Statt mit der Sanddorncreme können Sie solche Mürbeteigtörtchen natürlich auch mit frischen Früchten, verfeinerter Schlagsahne oder einer anderen Creme füllen.

JEDEM SEIN TÖRTCHEN

Honig-Bären

Zutaten für 1 Blech mit 6 Bären-
Formen von je 200 ml Inhalt:
Für den Teig:
125 g weiche Butter oder Margarine
75 g flüssiger Honig
3 kleine Eier · 150 g Mehl
50 g gemahlene Haselnüsse
2 Teel. Backpulver
3 Eßl. Schokoladenstreusel
60 ml Milch
Für die Garnierung:
60 g Puderzucker
1 Teel. flüssiger Honig
2 Eßl. Aprikosen-Konfitüre oder
Aprikotur
1 Päckchen Schokoladenglasur
(150 g)
nach Belieben bunte Zuckerstreusel
oder kleine bunte Bonbons
Für die Formen: Fett und Semmel-
brösel

Für Kinder

Pro Stück etwa:
2000 kJ/480 kcal
8 g Eiweiß · 29 g Fett
39 g Kohlenhydrate

- Zubereitungszeit: etwa
  1 1/4 Stunden

1. Die Förmchen gründlich fetten und mit Semmelbröseln ausstreuen. Den Backofen auf 175° vorheizen.

2. Für den Teig das Fett cremig rühren, dann den Honig und nacheinander die Eier unterrühren. Das Mehl mit den Haselnüssen, dem Backpulver und den Schokoladenstreuseln mischen, mit der Milch unter den Teig rühren.

3. Den Teig in die Förmchen verteilen und diese im Backofen (Mitte, Gas Stufe 2, Umluft 160°) 20–25 Minuten backen. Die Kuchen in den Förmchen auskühlen lassen, dann vorsichtig herausstürzen.

4. Für die Garnierung den Puderzucker sieben, mit dem Honig und einigen Tropfen Wasser dickflüssig zu einem Zuckerguß anrühren.

5. Die Bärchen mit Aprikosenkonfitüre oder Aprikotur bestreichen, etwas trocknen lassen. Nun mit Schokoglasur überziehen, ebenfalls etwas trocknen lassen. Den Bärchen mit dem Zuckerguß, den Streuseln und Bonbons Tatzen und Gesicht geben.

Hefetörtchen

Zutaten für 6 Briocheförmchen von
60–70 ml Inhalt:
Für den Teig:
15 g frische Hefe
5 Eßl. lauwarme Milch
2 Eßl. Zucker
150 g Mehl · 1 kleines Ei
75 g weiche Butter oder Margarine
6 getrocknete Aprikosen
25 g Zartbitter-Schokolade
25 g Marzipan-Rohmasse
Für die Förmchen: Fett
Zum Bestreuen: Puderzucker

Preiswert

Pro Stück etwa:
1200 kJ/290 kcal
5 g Eiweiß · 15 g Fett
30 g Kohlenhydrate

- Zubereitungszeit: etwa
  1 1/4 Stunden (davon
  55 Minuten Ruhezeit)

1. Die Hefe mit der Milch glattrühren, dann mit dem Zucker, dem Mehl, dem Ei und dem Fett zu einem glatten Teig verrühren. Zugedeckt an einem warmen Ort etwa 40 Minuten gehen lassen.

2. Die Aprikosen heiß abspülen und abtrocknen. Die Schokolade und das Marzipan in kleine Stücke schneiden, in die Aprikosen geben.

3. Die Förmchen fetten. Jeweils etwas Teig hineingeben, 1 Aprikose hineindrücken und diese mit dem restlichen Teig bedecken. Die Törtchen zugedeckt noch etwa 15 Minuten ruhen lassen. Den Backofen auf 200° vorheizen.

4. Die Törtchen im Backofen (Mitte, Gas Stufe 3, Umluft 180°) in etwa 15 Minuten goldbraun backen. In den Förmchen auskühlen lassen, zum Servieren mit Puderzucker bestreuen.

Bild oben: Hefetörtchen
Bild unten: Honig-Bären

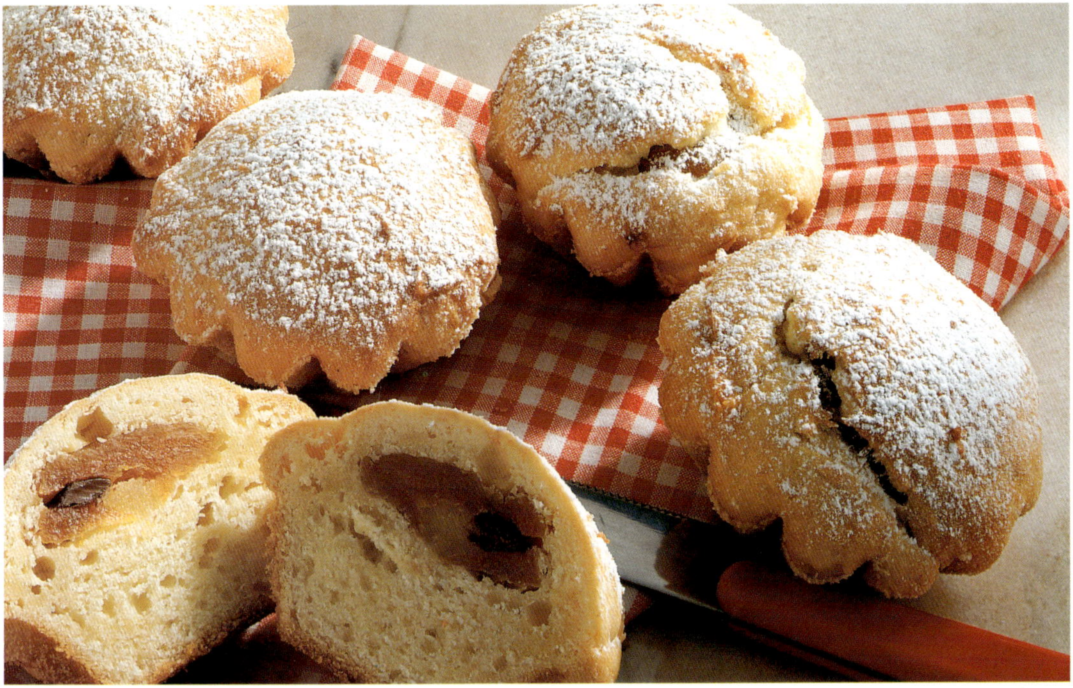

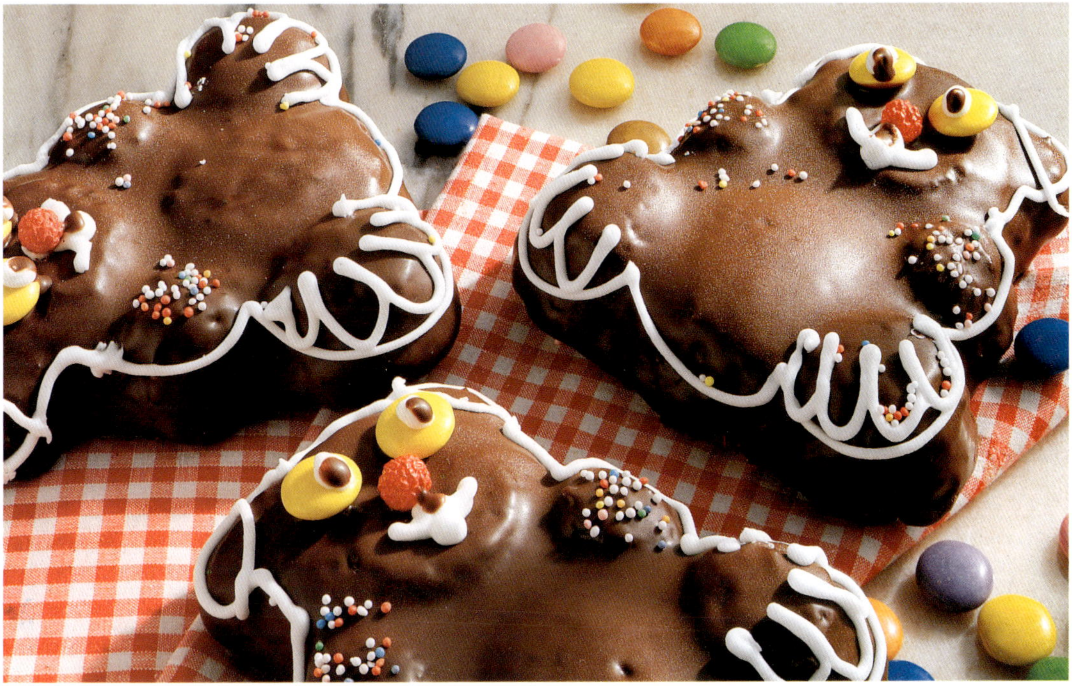

Gedeckte Quark-Apfel-Torte

Zutaten für 1 Springform von
18 cm Ø und 1 l Inhalt:
Für den Teig:
175 g Mehl
100 g kalte Butter oder Margarine
2 Eßl. Puderzucker
Für die Creme:
2 kleine Eier
200 g Magerquark
100 g Crème fraîche · 2 Eßl. Zucker
1 1/2 Eßl. Speisestärke
1/2 unbehandelte Zitrone
Für den Belag:
2 kleine säuerliche Äpfel
3 Eßl. Mandelstifte

Preiswert

Bei 6 Stücken pro Stück etwa:
1800 kJ/430 kcal
6 g Eiweiß · 25 g Fett
32 g Kohlenhydrate

• Zubereitungszeit: etwa
  2 Stunden (davon
  1 Stunde Kühlzeit)

1. Für den Teig aus dem Mehl, der kalten Butter oder Margarine, dem Puderzucker und 1–2 Eßlöffel eiskaltem Wasser rasch einen glatten Teig kneten. Den Teig in Klarsichtfolie wickeln und mindestens 1 Stunde im Kühlschrank ruhen lassen.

2. Inzwischen für die Creme die Eier verquirlen, etwa 3 Eßlöffel davon zum Bestreichen beiseite stellen. Das restliche verquirlte Ei mit dem Quark, der Crème fraîche, dem Zucker und der Speisestärke glattrühren.

3. Die Zitrone heiß abwaschen, die Schale fein abreiben und unter die Quarkcreme rühren.

4. Für den Belag den Zitronensaft auspressen. Die Äpfel zunächst vierteln, dann schälen, entkernen und in Spalten schneiden. Schließlich die Spalten im Zitronensaft wenden.

5. Die Mandelstifte in einer trockenen Pfanne goldbraun rösten, sofort aus der Pfanne nehmen und beiseite stellen.

6. Den Backofen auf 200° vorheizen.

7. Zwei Dittel des Teiges zu einem etwa 28 cm großen Kreis ausrollen. Die Springform damit auskleiden.

8. Die Mandeln und dann die Äpfel auf dem Teig verteilen. Die Quarkcreme darüber geben und glattstreichen.

9. Aus dem restlichen Teig einen gut 20 cm großen Kreis ausrollen und diesen über den Quark legen. Am Rand an den anderen Teig drücken. Den Rand mit den Fingerkuppen dekorativ formen.

10. Den Kuchen mit dem beiseite gestellten, verquirlten Ei bestreichen und im Backofen (Mitte, Gas Stufe 3, Umluft 180°) etwa 45 Minuten goldbraun backen.

11. Den Kuchen in der Form auf einem Rost auskühlen lassen, erst dann vorsichtig den Springformrand lösen.

Der goldbraune Mantel verspricht köstlichen Genuß.

Käse-Sahne-Torte

Zutaten für 1 Springform von
16 cm Ø und 1/2 l Inhalt:
Für den Teig:
25 g Butter
2 kleine Eier
1 Prise Salz
40 g Zucker
60 g Mehl
Für die Füllung:
2 Blatt weiße Gelatine
1 kleines Eigelb
2 Eßl. Zucker
1 Teel. abgeriebene Schale einer
unbehandelten Zitrone
150 g Magerquark
60 g Crème fraîche
100 g Sahne
1 Päckchen Vanillezucker
Zum Verzieren: Puderzucker, Raspel-
schokolade nach Belieben
Für die Form: Fett
Spritzbeutel mit Sterntülle

Klassisch

Bei 6 Stücken pro Stück etwa:
1100 kJ/260 kcal
5 g Eiweiß · 16 g Fett
18 g Kohlenhydrate

• Zubereitungszeit: etwa
 3 Stunden (davon 2 Stunden
 Kühlzeit)

1. Den Backofen auf 200° vorheizen. Die Springform nur am
Boden fetten.

2. Für den Teig die Butter in
einem kleinen Topf zerlassen,
dann vom Herd nehmen und
wieder etwas abkühlen lassen.

3. Die Eier trennen. Die Eiweiße zu sehr steifem Schnee
schlagen. Die Eigelbe mit dem
Salz, dem Zucker und 1 Eßlöffel warmem Wasser hell-cremig
schlagen. Den Eischnee darauf
setzen.

4. Das Mehl über den Eischnee sieben, alles vorsichtig
vermengen. Zuletzt die zerlassene Butter vorsichtig unter den
Teig rühren. Den Teig sofort in
die Form umfüllen und im Backofen (Mitte, Gas Stufe 3, Umluft 180°) etwa 15 Minuten
backen. In der Form auskühlen
lassen.

5. Inzwischen für die Füllung
die Gelatine in reichlich kaltem
Wasser einweichen. Das
Eigelb mit dem Zucker und der
Zitronenschale hell-cremig
schlagen, dann den Quark und
die Crème fraîche unterrühren.

6. Die Gelatine tropfnaß in
eine Tasse geben, im warmen
Wasserbad auflösen, dann
tropfenweise unter die Quarkcreme rühren. Die Creme kalt
stellen.

7. Wenn die Creme zu gelieren beginnt, die Sahne steif
schlagen und mit dem Vanillezucker süßen. Die Hälfte davon
unter die Quarkcreme heben,
den Rest in einen Spritzbeutel
mit Sterntülle füllen und diesen
in den Kühlschrank legen.

8. Den ausgekühlten Biskuit
quer halbieren. Den unteren
Boden auf einen Teller legen,
den Springformrand darum
befestigen. Die Quarkcreme
daraufgeben, den zweiten
Boden auflegen. Die Torte mindestens 2 Stunden kalt stellen,
bis die Creme geliert ist.

9. Zum Servieren die Torte vor-
sichtig aus der Form lösen, mit
Puderzucker bestäuben und mit
Sahnetupfern verzieren. Nach
Belieben Schokoraspeln in die
Tupfer stecken.

Tips!

• Die Torte können Sie nach
Belieben immer wieder variieren. Dekorieren Sie sie
beispielsweise mit frischen
Himbeeren oder Heidelbee-
ren. Auch kleine Mandari-
nenschnitze eignen sich gut
dafür.
• Sie können die fertige
Torte aber auch ganz leicht
mit Kakaopulver bestreuen
oder kleine Schokoladenröll-
chen in die Sahnetupfer
stecken.
• Weitere hübsche Ideen
sind kleine Marzipan- oder
Zuckerfiguren, Mokkaboh-
nen oder Walnußhälften.

Ein Traum, der auf der Zunge zer-
geht, ein Genuß nicht nur bei festli-
chen Anlässen.

Joghurt-Feigen-Torte

Zutaten für 1 Springform von
16 cm Ø und 1/2 l Inhalt:
Für den Tortenboden:
70 g Butterkekse
70 g kalte Butter
Für den Belag:
3 Blatt weiße Gelatine
150 g Vollmilch-Joghurt
1 Eßl. Zucker
1 großer Pfirsich
1 Eßl. Zitronensaft
100 g Sahne
Für die Garnierung:
2 kleine Feigen
einige Blättchen Zitronenmelisse
Für die Form: Pergamentpapier

Erfrischend

Bei 6 Stücken pro Stück etwa:
1000 kJ/240 kcal
4 g Eiweiß · 17 g Fett
18 g Kohlenhydrate

• Zubereitungszeit: etwa
  2 1/2 Stunden (davon
  2 Stunden Kühlzeit)

1. Für den Boden die Butterkekse in einen Klarsichtbeutel geben, mit der Teigrolle mehrmals darüberrollen, bis die Kekse zerbröselt sind. Sie können die Kekse auch in der Küchenmaschine zerbröseln.

2. Einen Streifen Pergamentpapier innen am Rand der Form befestigen. Die Keksbrösel mit der Butter verkneten. Die Form damit auskleiden, auch den Rand formen. Die Form zugedeckt etwa 1 Stunde in den Kühlschrank stellen.

3. Für den Belag die Gelatine nach der Packungsbeschreibung in reichlich kaltem Wasser einweichen. Die Gelatine dann leicht ausdrücken und in einer Tasse in einem warmen Wasserbad auflösen. Dann mit dem Joghurt und dem Zucker verrühren.

4. Den Pfirsich für 1/2–1 Minute in köchelndes Wasser legen, herausheben und häuten, dann entsteinen, pürieren und zusammen mit dem Zitronensaft unter den Joghurt rühren.

5. Die Sahne steif schlagen und unter den Joghurt heben. Die Creme in die Springform umfüllen. Den Kuchen mit Klarsichtfolie zudecken und mindestens 1 Stunde kalt stellen.

Tip!

• Die Geschmacksrichtung der Torte können Sie immer wieder variieren. Rühren Sie beispielsweise 100 g pürierte und durch ein Sieb gestrichene Himbeeren unter den Joghurt, und dekorieren Sie die fertige Torte mit Sahnetupfern und Himbeeren.

6. Zum Servieren mit einem Messer innen am Rand der Form entlangfahren, dann den Springformrand vorsichtig lösen und die Torte auf einen Teller heben.

7. Die Feigen vorsichtig abreiben oder waschen und trockentupfen. Die Früchte in Spalten schneiden. Die Zitronenmelisse waschen und trockentupfen.

8. Die Feigenspalten und die Melisseblättchen dekorativ auf der Torte arrangieren, und diese bald servieren.

Beeren-Gelee-Torte

Zutaten für 1 Springform von
16 cm Ø und 1/2 l Inhalt:
Für den Teig:
75 g Mehl
1 kleines Eigelb
20 g gemahlene Mandeln
1 Eßl. Puderzucker
60 g kalte Butter oder Margarine
Für den Belag:
2 Blatt weiße Gelatine
1 Blatt rote Gelatine
200 ml Apfelsaft
150 g Heidelbeeren
50 g kleine Himbeeren
Zum Blindbacken: Hülsenfrüchte
Für die Form: Fett

Erfrischend

Bei 6 Stücken pro Stück etwa:
830 kJ/200 kcal
4 g Eiweiß · 11 g Fett
16 g Kohlenhydrate

- Zubereitungszeit: etwa
  4 1/4 Stunden (davon
  3 Stunden Kühlzeit)

1. Für den Teig das Mehl, das Eigelb, die gemahlenen Mandeln, den Puderzucker und das Fett rasch glattkneten. In Klarsichtfolie wickeln und mindestens 30 Minuten im Kühlschrank ruhen lassen.

2. Den Backofen auf 200° vorheizen. Die Form fetten. Den Teig zwischen zwei Lagen Klarsichtfolie zu einem dünnen Kreis ausrollen, die Springform damit auskleiden. Den Rand mit den Fingerkuppen dekorativ einkerben.

3. Den Boden des Kuchens mit einer Gabel mehrmals einstechen. Mit einem passend rund geschnittenen Pergamentpapier belegen und mit Hülsenfrüchten bedecken. Den Kuchen im Backofen (Mitte, Gas Stufe 3, Umluft 180°) etwa 10 Minuten backen.

4. Die Hülsenfrüchte und das Papier entfernen, den Kuchen weitere 10 Minuten backen. Dann in der Form auskühlen lassen.

5. Für den Belag die weiße und die rote Gelatine nach der Packungsbeschreibung in kaltem Wasser einweichen. Ein wenig des Apfelsaftes erhitzen, die Gelatine darin auflösen und mit dem restlichen Apfelsaft verrühren. Die Mischung in den Kühlschrank stellen.

6. Die Beeren vorsichtig waschen und abtrocknen. Auf den Tortenboden geben, dabei eine dekorative Oberfläche formen.

7. Wenn der Apfelsaft halb geliert ist, diesen über die Früchte träufeln. Den Kuchen mindestens 2 Stunden im Kühlschrank gelieren lassen. Erst dann den Kuchen vorsichtig aus der Form lösen.

Eine Vitaminspritze für Süßmäuler, und das Auge ißt auch mit.

Mandel-
Espresso-Torte

Zutaten für 1 Springform von
16 cm Ø und 1/2 l Inhalt:

Für den Teig:

25 g Butter

2 kleine Eier · 1 Prise Salz

40 g Zucker

30 g gemahlene Mandeln

30 g Mehl

Für die Creme:

2 Blatt weiße Gelatine

4 Eßl. heißer Espresso (oder sehr
starker Kaffee)

250 g Mascarpone

2 Eßl. Zucker

2 Eßl. Mandel- oder Kaffeelikör nach
Belieben

Zum Bestreuen:

2 Eßl. Kakaopulver

Für die Form: Fett

Für Gäste

Bei 6 Stücken pro Stück etwa:
1400 kJ/330 kcal
5 g Eiweiß · 9 g Fett
16 g Kohlenhydrate

• Zubereitungszeit: etwa
3 Stunden (davon
30 Minuten Kühlzeit)

1. Den Backofen auf 200° vorheizen. Die Form nur am Boden fetten.

2. Für den Teig die Butter in einem kleinen Topf schmelzen lassen, den Topf anschließend vom Herd ziehen.

3. Die Eier trennen. Die Eiweiße mit dem Salz steif schlagen und in den Kühlschrank stellen.

4. Die Eigelbe mit 1 Eßlöffel warmem Wasser und dem Zucker hell-cremig aufschlagen. Den Eischnee darauf setzen, die Mandeln mit dem Mehl mischen und darüber streuen. Alles locker vermengen.

5. Die zerlassene Butter vorsichtig unter den Teig rühren. Den Teig in die vorbereitete Form umfüllen, im Backofen (Mitte, Gas Stufe 3, Umluft 180°) etwa 15 Minuten goldgelb backen. In der Form auf einem Rost auskühlen lassen.

6. Für die Creme die Gelatine nach der Packungsbeschreibung in kaltem Wasser einweichen, ausdrücken und im heißen Espresso auflösen. Die Flüssigkeit mit dem Mascarpone und dem Zucker verrühren. Die Creme etwa 30 Minuten kalt stellen, bis sie zu gelieren beginnt.

7. Den Biskuit aus der Form lösen und quer halbieren. Die Böden nach Belieben mit dem Likör beträufeln.

8. Die Böden mit etwas Kaffeecreme dazwischen wieder zusammensetzen. Die Torte dann rundherum mit Creme bestreichen. Dabei die Creme in der Mitte höher formen, so daß eine kleine Kuppel entsteht. Zum Schluß mit einer Gabel die Oberfläche mehrmals wellenförmig einkerben. Das Kakaopulver über den Kuchen sieben.

Tip!

Für eine leichtere Variante können Sie je zur Hälfte Mascarpone und Magerquark verwenden.

Diese dekorative Torte mit Espressocreme entführt Sie geschmacklich nach Italien.

Mango-Orangen-Torte

Zutaten für 1 Springform von
18 cm Ø und 1 l Inhalt:
Für den Teig:
3 kleine Eier
1 Prise Salz
50 g Zucker
40 g Speisestärke
40 g Mehl
1 Eßl. Kakaopulver
Für Füllung und Garnierung:
2 unbehandelte Orangen
3 Blatt weiße Gelatine
2 Eigelb
40 g Zucker
150 g Vollmilch-Joghurt
150 g Sahne
Zum Verzieren:
1 reife Mango
Für die Form: weiche Butter oder
Margarine
Juliennereißer

Raffiniert

Bei 8 Stücken pro Stück etwa:
1100 kJ/260 kcal
6 g Eiweiß · 11 g Fett
33 g Kohlenhydrate

● Zubereitungszeit: etwa
4 1/2 Stunden (davon
3 Stunden Kühlzeit)

1. Den Backofen auf 200° vorheizen. Die Springform nur am Boden fetten.

2. Für den Teig die Eier trennen. Die Eiweiße mit der Prise Salz steif schlagen.

3. Die Eigelbe mit dem Zucker und 2 Eßlöffeln warmem Wasser hell-cremig aufschlagen. Den Eischnee darauf setzen. Die Speisestärke mit dem Mehl und dem Kakaopulver mischen, über den Eischnee sieben und alles locker vermengen.

4. Den Teig sofort in die vorbereitete Form umfüllen, den Kuchen im Backofen (Mitte, Gas Stufe 3, Umluft 180°) etwa 15 Minuten backen. In der Form auskühlen lassen.

5. Inzwischen für Füllung und Garnierung die Orangen heiß abwaschen und abtrocknen. Etwas Schale mit einem Juliennereißer abziehen und beiseite stellen. Die restliche Schale fein abreiben.

6. Von 1 Orange den Saft auspressen. Die andere Orange filieren.

7. Die Gelatine nach der Packungsbeschreibung in kaltem Wasser einweichen.

8. Die Eigelbe mit dem Zucker, dem Orangensaft und der abgeriebenen Orangenschale in einem warmen Wasserbad dick-cremig und warm schlagen. Die Gelatine tropfnaß darin auflösen.

9. Die Creme vom Wasserbad nehmen, mit dem Joghurt verrühren und kalt stellen, bis sie zu gelieren beginnt. Dann die Sahne steif schlagen und unterheben.

10. Den Biskuit quer in drei Böden teilen. Den untersten Boden auf eine Tortenplatte legen, einen Tortenring oder den Ring der Springform darum befestigen.

11. Ein Drittel der Orangencreme darauf verstreichen, die Orangenfilets am Rand darauf legen. Den zweiten Boden auflegen, erneut mit einem Drittel der Orangencreme bestreichen. Den dritten Boden auflegen, mit der restlichen Orangencreme bestreichen.

12. Zum Verzieren der Torte die Mango schälen, das Fruchtfleisch in Spalten vom Stein abschneiden, auf die Torte legen. Die Orangenschalen-Julienne aufstreuen. Die Torte mit Klarsichtfolie abgedeckt mindestens 3 Stunden in den Kühlschrank stellen.

Tip!

Wenn Sie keinen Juliennereißer besitzen, können Sie die Orange auch mit einem Kartoffelschäler schälen und diese Streifen mit einem Küchenmesser zu ganz feinen Streifen schneiden.

Ein fruchtiger Genuß und eine wahre Augenweide ist diese Mango-Orangen-Torte.

Trauben-Weincreme-Kranz

Zutaten für 1 Napfkuchenform von
16 cm Ø und 1 l Inhalt:
Für den Teig:
125 g weiche Butter oder Margarine
75 g Zucker
2 kleine Eier
150 g Mehl
2 Teel. Backpulver
50 ml Weißwein
Für die Füllung:
250 g blaue Weintrauben
2 Eßl. Zucker
75 ml Weiß- oder Rotwein
1 1/2 Teel. Speisestärke
Für die Creme:
4 Blatt weiße Gelatine
1/8 l trockener Weißwein
2 kleine Eigelb
60 g Zucker
1 Eiweiß
100 g Sahne
Für die Garnierung:
30 g Mandelblättchen
Für die Form: Fett und Mehl
Spritzbeutel mit Sterntülle

Festlich

Bei 8 Stücken pro Stück etwa:
1700 kJ/400 kcal
7 g Eiweiß · 23 g Fett
41 g Kohlenhydrate

- Zubereitungszeit: etwa
  2 Stunden

1. Die Napfkuchenform gründlich mit Fett ausstreichen und mit Mehl ausstreuen, damit Sie den Kuchen garantiert später heil aus der Form bekommen. Den Backofen auf 175° vorheizen.

2. Für den Teig die Butter oder Margarine mit dem Zucker hellcremig rühren. Die Eier gründlich unterrühren.

3. Das Mehl mit dem Backpulver mischen, zusammen mit dem Wein unter den Teig rühren. Den Teig in die vorbereitete Form umfüllen und den Kuchen im Backofen (unten, Gas Stufe 2, Umluft 160°) etwa 40 Minuten backen.

4. Inzwischen für die Füllung die Weintrauben waschen, halbieren und entkernen. 8 schöne Hälften zum Garnieren beiseite legen, die restlichen zusammen mit dem Zucker und dem Wein in einen Topf geben und erhitzen.

5. Die Speisestärke mit wenig Wasser glattrühren, zu den Trauben gießen und alles 2–3 Minuten köcheln lassen. Das Kompott abkühlen lassen.

6. Den fertigen Kuchen einige Minuten in der Form ruhen lassen, dann stürzen und auskühlen lassen.

7. Für die Creme die Gelatine nach der Packungsbeschreibung in reichlich kaltem Wasser einweichen. Den Wein leicht erhitzen, die Gelatine leicht ausdrücken, in den Wein geben und dadurch auflösen. Den Topf vom Herd nehmen.

8. Die Eigelbe mit dem Zucker hell-cremig schlagen, nach und nach den noch warmen Wein unterschlagen. Die Mischung etwa 15 Minuten kalt stellen, bis sie gerade zu gelieren beginnt. Dann das Eiweiß und die Sahne getrennt steif schlagen und unter die Creme heben.

9. Den Kuchen zweimal quer durchschneiden, mit Traubenkompott dazwischen wieder zusammensetzen. Rundherum mit Weincreme bestreichen, etwas Creme in einen Spritzbeutel mit Sterntülle füllen.

10. Zum Garnieren die Mandelblättchen in einer trockenen Pfanne goldbraun rösten, an den Rand der Torte drücken. Rosetten aus der Weincreme oben auf den Kuchen spritzen. Die beiseite gelegten Trauben auf die Sahnerosetten legen. Die Torte bis zum Servieren kalt stellen.

Ein Kuchen mit Schwips lockert auch den letzten Gast auf. Nur ist er leider nichts für Kinder.

Prinzregententorte

Zutaten für 1 Springform von
18 cm Ø und 1 l Inhalt:

Für den Teig:

40 g Butter

3 kleine Eier

1 Prise Salz

50 g Zucker

50 g Speisestärke

50 g Mehl

1/2 Teel. Backpulver

Für die Creme:

1/4 l Milch

2 Eßl. Zucker

2 Teel. Speisestärke

1/2 Teel. echte Vanille

50 g Zartbitterschokolade

100 g weiche Butter

Für die Glasur:

100 g dunkle Kuvertüre

1 Eßl. Kokosfett

Für die Form: Fett

Klassisch • Für Gäste

Bei 8 Stücken pro Stück etwa:
1600 kJ/380 kcal
4 g Eiweiß · 21 g Fett
25 g Kohlenhydrate

● Zubereitungszeit: etwa
2 Stunden (davon 1 Stunde
Kühlzeit)

1. Die Springform nur am
Boden fetten. Den Backofen
auf 200° vorheizen.

2. Für den Teig die Butter
schmelzen lassen, vom Herd
nehmen. Die Eier trennen.

3. Die Eiweiße mit einer Prise
Salz zu steifem Schnee schlagen, beiseite stellen. Die Eigelbe mit 2 Eßlöffeln warmem
Wasser und dem Zucker hell-
cremig schlagen. Den Eischnee
darauf setzen.

4. Die Speisestärke mit dem
Mehl und dem Backpulver
mischen, über den Eischnee
sieben und alles ganz locker
vermengen. Zuletzt die Butter
vorsichtig unter den Teig
rühren.

5. Etwa 3 Eßlöffel Teig in der
vorbereiteten Form verstreichen.
Den übrigen Teig kalt stellen.

6. Die Form sofort in den
Backofen (Mitte, Gas Stufe 3,
Umluft 180°) stellen und den
Boden in 5–8 Minuten hell-
goldgelb backen.

7. Die Form aus dem Ofen
nehmen, mit einem Messer vorsichtig am Rand entlang fah-
ren, dann den Springformrand
vorsichtig lösen. (Achtung die
Form ist heiß!) Den Biskuit mit
einer Palette oder einem langen Messer vom Boden lösen
und auf einem Kuchengitter
auskühlen lassen. Die Form
wieder schließen, den Boden
erneut einfetten. Nach und
nach aus dem Biskuitteig
5–6 dünne Böden backen.

8. Für die Creme die Milch mit
dem Zucker, der Speisestärke
und der Vanille in einem kleinen Topf verquirlen, dann unter
Rühren aufkochen.

9. Die Schokolade hacken und
unter Rühren in der Vanille-
creme schmelzen lassen. Die

Creme abkühlen lassen, zwischendurch mehrmals um-
rühren. Anschließend die Butter
cremig rühren, nach und nach
die Schokoladencreme unterrühren.

10. Die Biskuitböden mit Schokoladencreme bestreichen und
wieder zusammensetzen, auch
den Rand mit Creme bestreichen. Die Torte etwa 1 Stunde
kühl stellen, bis die Creme fest
ist.

11. Für die Glasur die Kuvertüre hacken, mit dem Kokosfett in
eine Schüssel geben und in
einem warmen Wasserbad
schmelzen lassen. Fast wieder
abkühlen lassen, dann noch
einmal über dem Wasserbad
erwärmen, bis die Masse gerade eben flüssig ist.

12. Die Torte rundherum mit
der Kuvertüre bestreichen. Die
Glasur fest werden lassen.

*Ein Evergreen unter den Torten und
eine Zierde für jede Tafel.*

Weizen-Mohn-Brot

Zutaten für 1 Kastenform von 20 cm
Länge und 1 l Inhalt:

Für den Teig:

300 g Mehl

1 Tütchen Trockenhefe (7 g)

1 Eßl. Zucker

1 Teel. Salz

40 g Sultaninen

2 Eßl. Mohnsamen

50 g weiche Butter oder Margarine

200 g Kefir

Für die Form: Fett

Zum Bestreuen: Mohnsamen

Gelingt leicht

Bei 10 Scheiben pro Scheibe
etwa:
750 kJ/180 kcal
5 g Eiweiß · 6 g Fett
26 g Kohlenhydrate

• Zubereitungszeit: etwa
2 1/2 Stunden (davon
1 1/2 Stunden Ruhezeit)

1. Das Mehl mit der Hefe,
dem Zucker, dem Salz, den
Sultaninen und den Mohnsamen mischen.

2. Die Butter oder Margarine
und den Kefir dazugeben, alles
zum glatten, geschmeidigen
Teig verkneten. Den Teig zugedeckt an einem warmen Ort
etwa 45 Minuten ruhen lassen.

3. Die Kastenform gründlich
mit Fett ausstreichen.

4. Den Teig noch einmal
durchkneten, dann in zwei Portionen teilen. Jede Portion zu

einem dicken, etwa 30 cm langen Strang formen, miteinan-
der verdrehen und in die Form
legen. Zugedeckt noch etwa
45 Minuten gehen lassen.

5. Den Backofen auf 200° vorheizen. Das Brot mit Wasser
bestreichen und mit den Mohnsamen bestreuen, im Backofen
(unten, Gas Stufe 3, Umluft
180°) etwa 30 Minuten bak-
ken. Das fertige Brot aus der
Form stürzen und auf einem
Gitter auskühlen lassen.

Quark-Rosinen-Brot

Zutaten für 1 Kastenform von 20 cm
Länge und 1 l Inhalt:

Für den Teig:

1/2 Würfel frische Hefe

2 Eßl. flüssiger Honig

300 g Mehl

1 Teel. Salz

250 g Quark (20 %)

75 g Rosinen

2 Eßl. gehackte Mandeln

Für die Form: Fett

Zum Bestreuen: gehackte Mandeln

Saftig

Bei 10 Scheiben pro Scheibe
etwa:
720 kJ/170 kcal
7 g Eiweiß · 3 g Fett
30 g Kohlenhydrate

• Zubereitungszeit: etwa
2 Stunden (davon 1 Stunde
Ruhezeit)

1. Die Hefe in eine Tasse
bröckeln und mit 6 Eßlöffeln
lauwarmen Wasser glattrühren.

2. Das Hefewasser mit dem
Honig, dem Mehl, dem Salz
und dem Quark zu einem glatten, geschmeidigen Teig verkneten und diesen zugedeckt
etwa 40 Minuten ruhen lassen.

3. Den Teig noch einmal
durchkneten, die Rosinen und
die Mandeln darunterkneten.
Eine etwa 20 cm lange Rolle
aus dem Teig formen und diese
in die gefettete Form legen.
Zugedeckt noch etwa 20 Minuten gehen lassen.

4. Den Backofen auf 200° vorheizen. Das Brot mit Wasser
bestreichen und mit gehackten
Mandeln bestreuen, im Backofen (unten, Gas Stufe 3, Umluft 180°) etwa 30 Minuten
backen. Aus der Form stürzen
und auf einem Gitter auskühlen
lassen.

Im Bild vorne: Weizen-Mohn-Brot
Im Bild hinten: Quark-Rosinen-Brot

Koriander-Dinkel-Brot

Zutaten für 1 Kastenform von 20 cm
Länge und 1 l Inhalt:
Für den Teig:
2 Eßl. Koriandersamen
230 g Dinkelvollkornmehl
100 g Dinkelschrot
1/2 Würfel frische Hefe
1 Teel. Zucker
3 Eßl. Olivenöl
1 Teel. Salz
Zum Bearbeiten: Dinkelvollkornmehl
Für die Form: Öl
Zum Bestreuen: Dinkelschrot
Mörser

Vollwertig

Bei 10 Scheiben pro Scheibe
etwa:
520 kJ/120 kcal
4 g Eiweiß · 4 g Fett
19 g Kohlenhydrate

- Zubereitungszeit: etwa
  2 Stunden (davon 1 Stunde
  40 Minuten Ruhezeit)

1. Die Koriandersamen im Mörser zerstoßen, mit Mehl und Schrot in einer Schüssel mischen. Eine Mulde hineindrücken, Hefe hineinbröckeln. Von 200 ml lauwarmen Wasser einige Löffel abnehmen, über die Hefe gießen, verrühren. Mit etwas Zucker und Mehl bestreuen, zugedeckt etwa 10 Minuten gehen lassen.

2. Das restliche Wasser, den übrigen Zucker, das Olivenöl und das Salz dazugeben. Alles zu einem glatten, geschmeidigen Teig verkneten, der sich vom Schüsselrand löst. Den Teig zugedeckt an einem warmen Ort etwa 45 Minuten gehen lassen.

3. Die Form mit Öl ausstreichen. Den Teig anschließend auf der bemehlten Arbeitsfläche noch einmal durchkneten. Zur länglichen Rolle formen, in die Form legen und zugedeckt noch etwa 45 Minuten gehen lassen.

4. Inzwischen den Backofen auf 200° vorheizen. Das Brot mit Wasser bepinseln, mit dem Dinkelschrot bestreuen. Im Backofen (unten, Gas Stufe 3, Umluft 180°) etwa 30 Minuten backen. In der Form auf einem Gitter auskühlen lassen.

Mehrkornbrot

Zutaten für 1 Kastenform von 20 cm
Länge und 1 l Inhalt:

100 g Weizenvollkornmehl	
75 g Dinkelmehl	
50 g Grünkernmehl	
75 g Roggenschrot	
1 Päckchen Trockenhefe (7 g)	
1/2 Teel. Honig	
1 Teel. Salz	
3 Eßl. Olivenöl	
2 Eßl. Brotgewürz	
Zum Bearbeiten: Mehl	
Für die Form: Öl	
Zum Bestreuen: Schrot	
Mörser	

Vollwertig

Bei 10 Scheiben pro Scheibe
etwa:
480 kJ/110 kcal
4 g Eiweiß · 3 g Fett
17 g Kohlenhydrate

- Zubereitungszeit: etwa
  2 Stunden (davon 1 Stunde
  10 Minuten Ruhezeit)

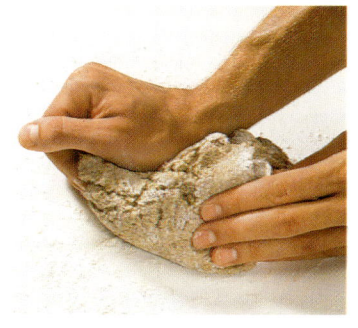

1. Die Mehlsorten mit dem Schrot und der Hefe mischen, dann mit 200 ml lauwarmem Wasser, dem Honig, dem Salz und dem Öl zu einem glatten, geschmeidigen Teig verkneten. Den Teig zugedeckt etwa 30 Minuten gehen lassen. Die Form mit Öl ausstreichen.

2. Das Brotgewürz im Mörser fein zerstoßen. Den Hefeteig auf der bemehlten Arbeitsfläche noch einmal durchkneten, dabei das Brotgewürz unterkneten.

3. Den Teig zu einer glatten Rolle formen und in die Form geben. Zugedeckt noch etwa 40 Minuten gehen lassen.

4. Inzwischen den Backofen auf 200° vorheizen. Das Brot mit Wasser bestreichen und mit Schrot bestreuen. Im Backofen (unten, Gas Stufe 3, Umluft 180°) etwa 30 Minuten backen. Das Brot in der Form auf einem Gitter auskühlen lassen.

Kräuterbrot

Zutaten für 1 Kastenform von 20 cm
Länge und 1 l Inhalt:
250 g Mehl
1 Päckchen Trockenhefe (7 g)
1/2 Teel. Fenchelsamen, gemahlen
1 Teel. Salz
1 Teel. Zucker
3 Eßl. Olivenöl
150 ml lauwarmes Wasser
1 Bund glatte Petersilie
1 Bund Schnittlauch
2 Zweige frischer Thymian
2 Schalotten
Für die Form: Öl

Für Gäste

Bei 10 Scheiben pro Scheibe
etwa
490 kJ/120 kcal
3 g Eiweiß · 3 g Fett
19 g Kohlenhydrate

- Zubereitungszeit: etwa
  2 Stunden (davon
  1 Stunde Ruhezeit)

1. Das Mehl mit der Hefe, dem Fenchelsamen, dem Salz und dem Zucker mischen.

2. Das Öl und das Wasser dazugeben, alles zu einem glatten Teig verkneten. Zugedeckt an einem warmen Ort etwa 40 Minuten gehen lassen.

3. Inzwischen die Kräuter waschen und hacken. Die Schalotten schälen, in kleine Würfel schneiden. Alles unter den gegangenen Teig kneten. Den gut durchgekneteten Teig zu einem länglichen Laib for-

men. Die Form mit Öl ausstreichen und den Laib hineinlegen. Zugedeckt noch etwa 20 Minuten gehen lassen.

5. Inzwischen den Backofen auf 225° vorheizen. Das Brot im Backofen (unten, Gas Stufe 4, Umluft 200°) etwa 35 Minuten backen.

Walnuß-Speck-Brot

Zutaten für 1 Kastenform von 20 cm
Länge und 1 l Inhalt:
250 g Weizenmehl Type 1050
1/2 Würfel frische Hefe
150 ml lauwarmes Wasser
1 Teel. Zucker
1 Teel. Salz
5 Eßl. Olivenöl
100 g durchwachsener Räucher-
speck
75 g Walnußkerne
schwarzer Pfeffer, frisch gemahlen
Zum Bestreuen: Mehl
Für die Form: Öl

Gelingt leicht
Für Gäste

Bei 10 Scheiben pro Scheibe
etwa:
990 kJ/240 kcal
5 g Eiweiß · 16 g Fett
18 g Kohlenhydrate

- Zubereitungszeit: etwa
  2 Stunden (davon
  1 Stunde 10 Minuten
  Ruhezeit)

1. Das Mehl in eine Schüssel geben. In die Mitte eine Mulde drücken, die Hefe hinein-

bröckeln. Etwas Wasser über die Hefe gießen und mit dieser verrühren, leicht mit etwas Zucker und Mehl bestreuen und den Vorteig zugedeckt etwa 10 Minuten ruhen lassen.

2. Das restliche Wasser, den übrigen Zucker, das Salz und das Öl dazugeben, alles zu einem glatten Teig verkneten und zugedeckt etwa 30 Minuten bei Zimmertemperatur gehen lassen. Die Form mit Öl ausstreichen.

3. Inzwischen den Speck von Schwarte und Knorpeln befreien und klein würfeln, in einer Pfanne leicht ausbraten. Fünf Walnußhälften beiseite legen, die restlichen Nüsse grob hacken und zum Speck in die Pfanne geben. Die Nüsse kurz mit erwärmen, die Mischung dann mit Pfeffer würzen und abkühlen lassen.

4. Die Nuß-Speck-Mischung unter den Teig kneten, diesen zu einer 20 cm langen Rolle formen und in die Form legen. Den Teig zugedeckt noch etwa 30 Minuten gehen lassen. Inzwischen den Backofen auf 200° vorheizen. Das Brot mit Wasser bestreichen und mit den beiseite gelegten Walnüssen belegen. Im Backofen (unten, Gas Stufe 3, Umluft 180°) etwa 30 Minuten backen.

Bild oben: Walnuß-Speck-Brot
Bild unten: Kräuterbrot

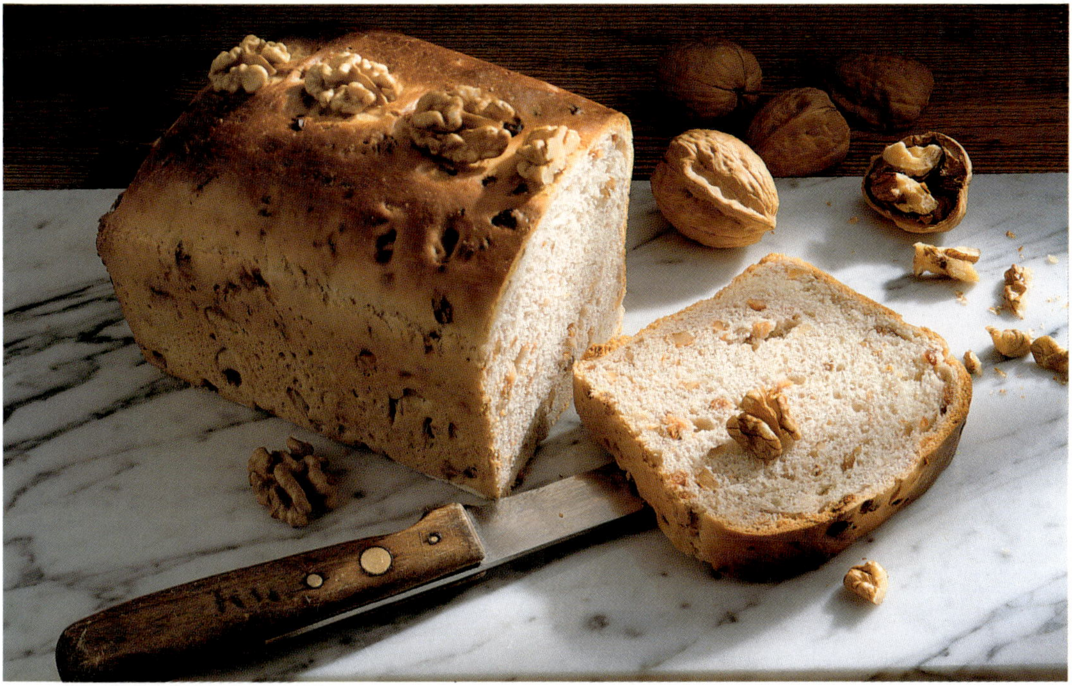

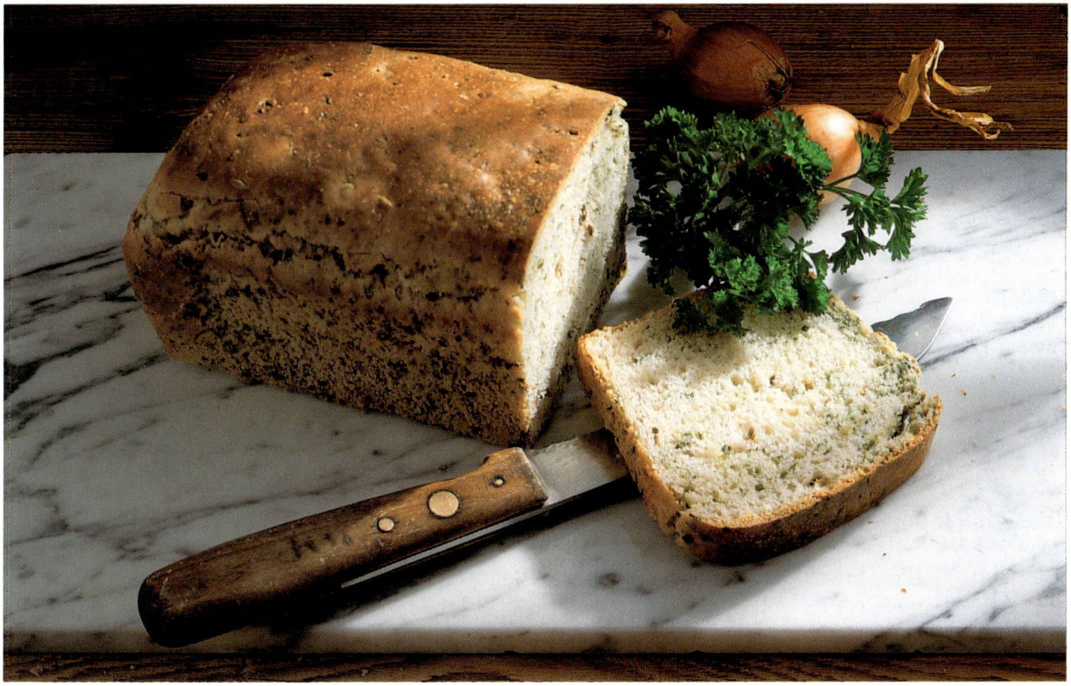

Roggen-Sauerteigbrot

Zutaten für 1 Kastenform von 20 cm
Länge und 1 l Inhalt:

Für den Teig:

Am 1. Tag:

50 g Roggenvollkornmehl

1 Teel. Zucker

1 Teel. Essig

Am 4. Tag:

50 g Roggenvollkornmehl

Am 5. Tag:

150 g Roggenvollkornmehl

200 g Roggenschrot

2 Teel. Salz

1/2 Teel. Fenchelsamen, gemahlen

Zum Bearbeiten: Roggenvollkornmehl

Für die Form: Öl

Zum Bestreuen: Roggenschrot

Vollwertig • Herzhaft

Bei 10 Scheiben pro Scheibe
etwa:
580 kJ/140 kcal
5 g Eiweiß · 1 g Fett
27 g Kohlenhydrate

- Vorbereitungszeit: etwa
  1 1/2 Stunden
- Ruhezeit: 5 Tage und etwa
  7 Stunden
- Backzeit: etwa 25 Minuten

1. Für den Teig am 1. Tag in einer kleinen Schüssel das Mehl mit 100 ml lauwarmem Wasser, dem Zucker und dem Essig glattrühren. Locker mit Klarsichtfolie abgedeckt an einen möglichst gleichmäßig warmen, zugfreien Platz stellen. Diesen Vorteig gut 3–4 Tage säuern lassen, täglich gut umrühren.

2. Am 4. Tag das Mehl und 100 ml handwarmes Wasser unter den Sauerteig rühren. Abgedeckt weiterhin ruhen lassen.

3. Am 5. Tag muß sich ein deutlich säuerlicher Geruch gebildet haben. Dann diesen Sauerteig in eine größere Schüssel umfüllen.

4. Das Roggenvollkornmehl, den Roggenschrot, 1/4 l handwarmes Wasser, das Salz und den Fenchelsamen unter den Teig rühren und kneten, bis der Teig glatt und recht feucht ist. Den Teig zugedeckt noch etwa 5 Stunden ruhen lassen.

5. Die Kastenform mit Öl ausstreichen. Den Teig noch einmal durchkneten, mit bemehlten Händen zur Rolle formen und diese in die Kastenform legen. Zugedeckt noch ungefähr 2–3 Stunden deutlich aufgehen lassen.

6. Inzwischen den Backofen auf 200° vorheizen.

7. Das Brot mit Wasser bepinseln und mit Roggenschrot bestreuen. Im Backofen (Mitte, Gas Stufe 3, Umluft 180°) etwa 25 Minuten backen.

8. Das Brot einige Minuten in der Form ruhen lassen, dann auf ein Kuchengitter stürzen und unter einem Tuch auskühlen lassen.

Die richtig deftige Unterlage für einen pikanten Belag.

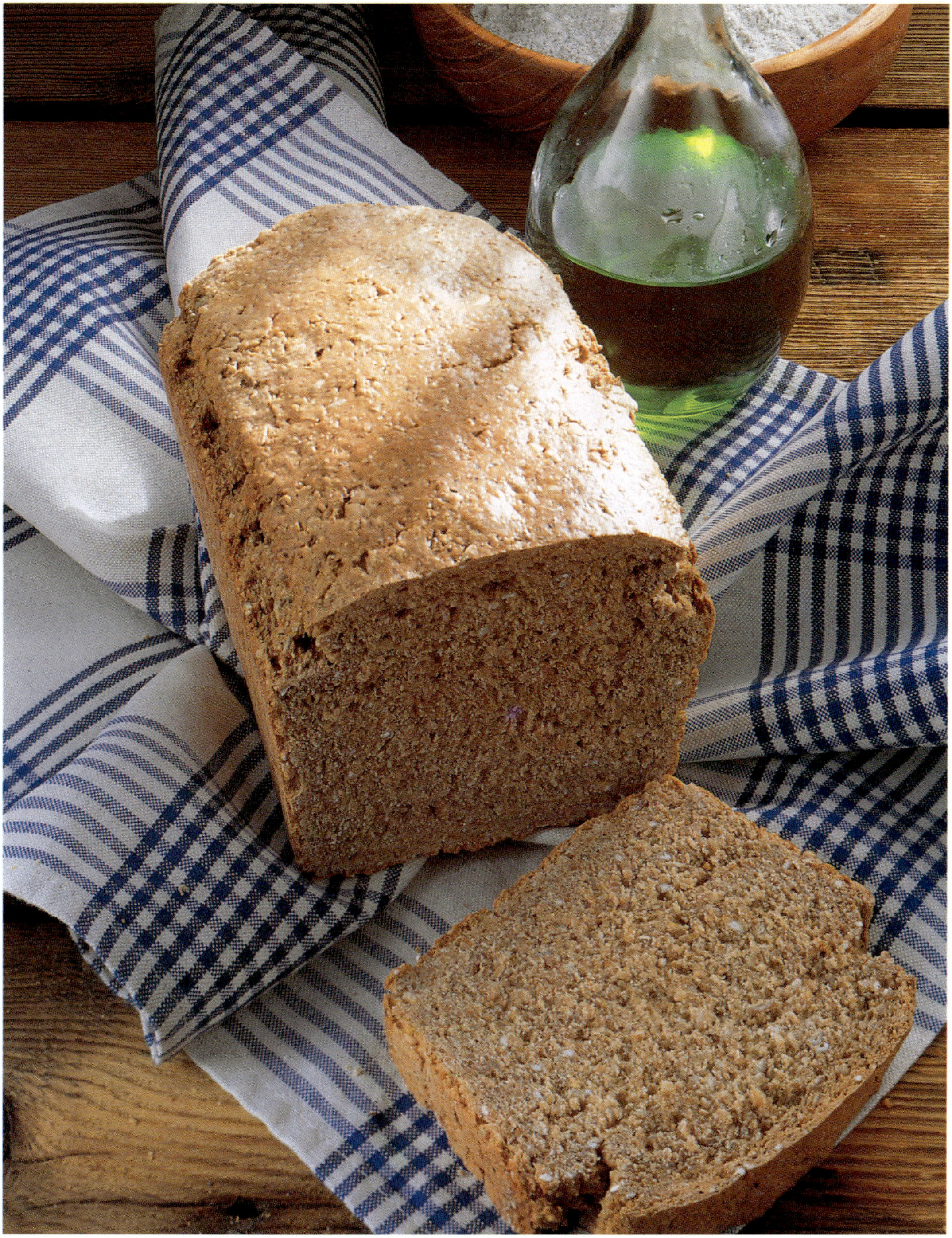

REZEPT- UND SACHREGISTER

Zum Gebrauch

Damit Sie Rezepte mit bestimmten Zutaten noch schneller finden können, stehen in diesem Register zusätzlich auch Hauptzutaten wie Quark oder Orangen – ebenfalls alphabetisch geordnet und halbfett gedruckt – vor den entsprechenden Rezepten.

IMPRESSUM

Auf der Umschlagvorderseite sehen Sie ein Schwarzwälder-Kirschtörtchen (Seite 30), das Quark-Rosinen-Brot (Seite 54) und den Erdbeerkuchen (Seite 20).

Redaktion: Monika Zedlitz
Layout: Ludwig Kaiser
Typographie: Robert Gigler
Herstellung: Peter Pleischl
Fotos: Odette Teubner,
Umschlaggestaltung:
Heinz Kraxenberger
Satz: Computersatz Wirth, Regensburg
Reproduktionen: Otterbach Repro, Rastatt
Printed in Italy
ISBN 3-7742-1936-2

Auflage 5. 4. 3. 2.
Jahr 1999 98 97 96 95

Angelika Ilies

ist gebürtige Hamburgerin mit Wohnsitzen in Bonn und München, arbeitet engagiert und erfolgreich als freie Autorin und Food-Journalistin. Der Start in die Karriere begann direkt nach dem Ökotrophologiestudium – mit einem Umweg über London, wo sie in einem renommierten Verlag Redaktionsalltag erlebte. Zurück im eigenen Land verstärkte sie das Kochressort der größten deutschen Foodzeitschrift. Seit 1989 arbeitet sie als freie Food-Journalistin.

Odette Teubner

wurde durch ihren Vater, den international bekannten Food-Fotografen Christian Teubner, ausgebildet. Heute arbeitet sie ausschließlich im Studio für Lebensmittelfotografie Teubner. In ihrer Freizeit ist sie begeisterte Kinderporträtistin - mit dem eigenen Sohn als Modell.